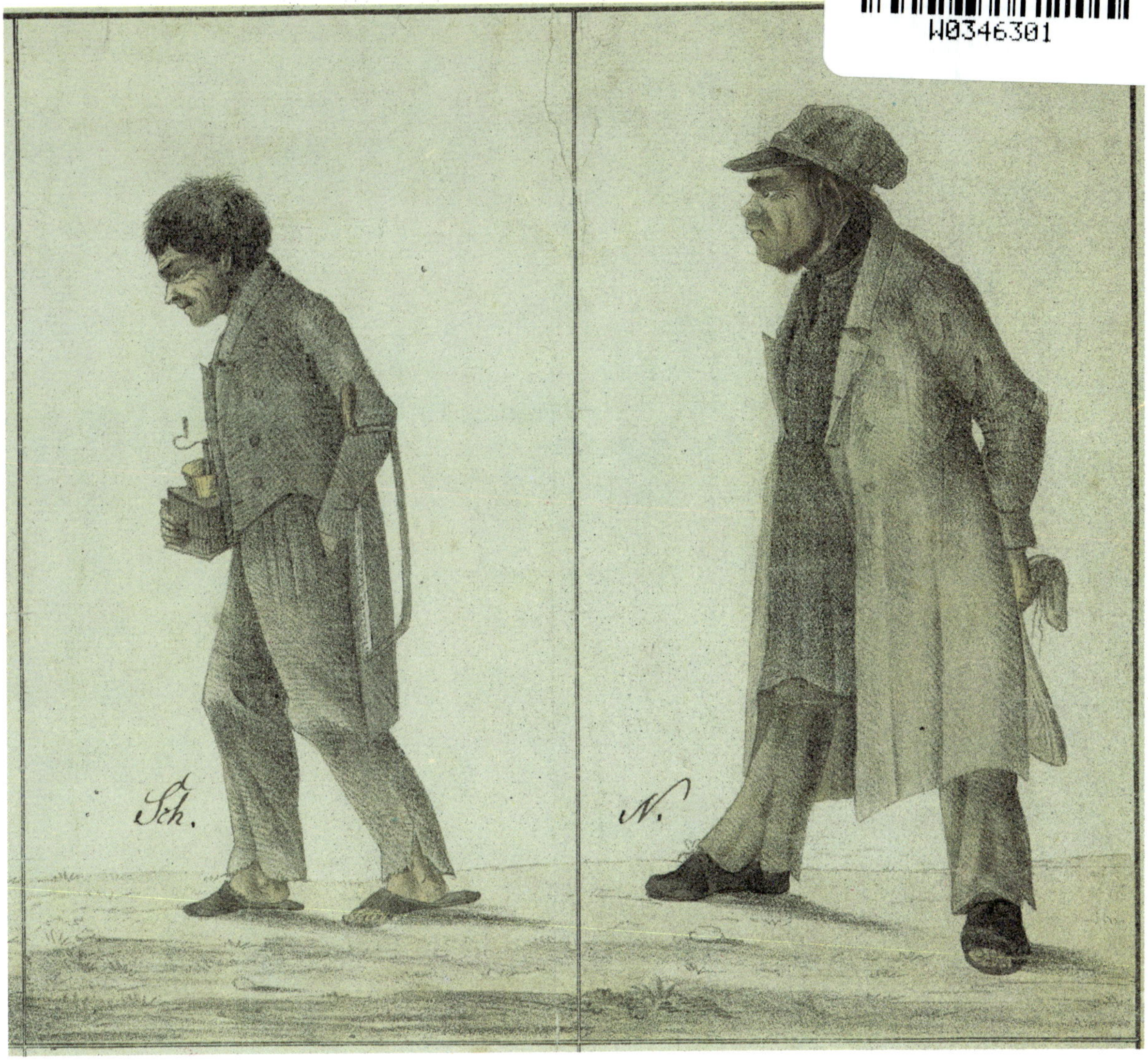
Sch.
N.

JOCHEN KLAUSS

ALLTAG

im ›klassischen‹ Weimar

JOCHEN KLAUSS

ALLTAG

im ›klassischen‹ Weimar

1750–1850

NATIONALE FORSCHUNGS-
UND GEDENKSTÄTTEN
DER KLASSISCHEN
DEUTSCHEN LITERATUR
IN WEIMAR

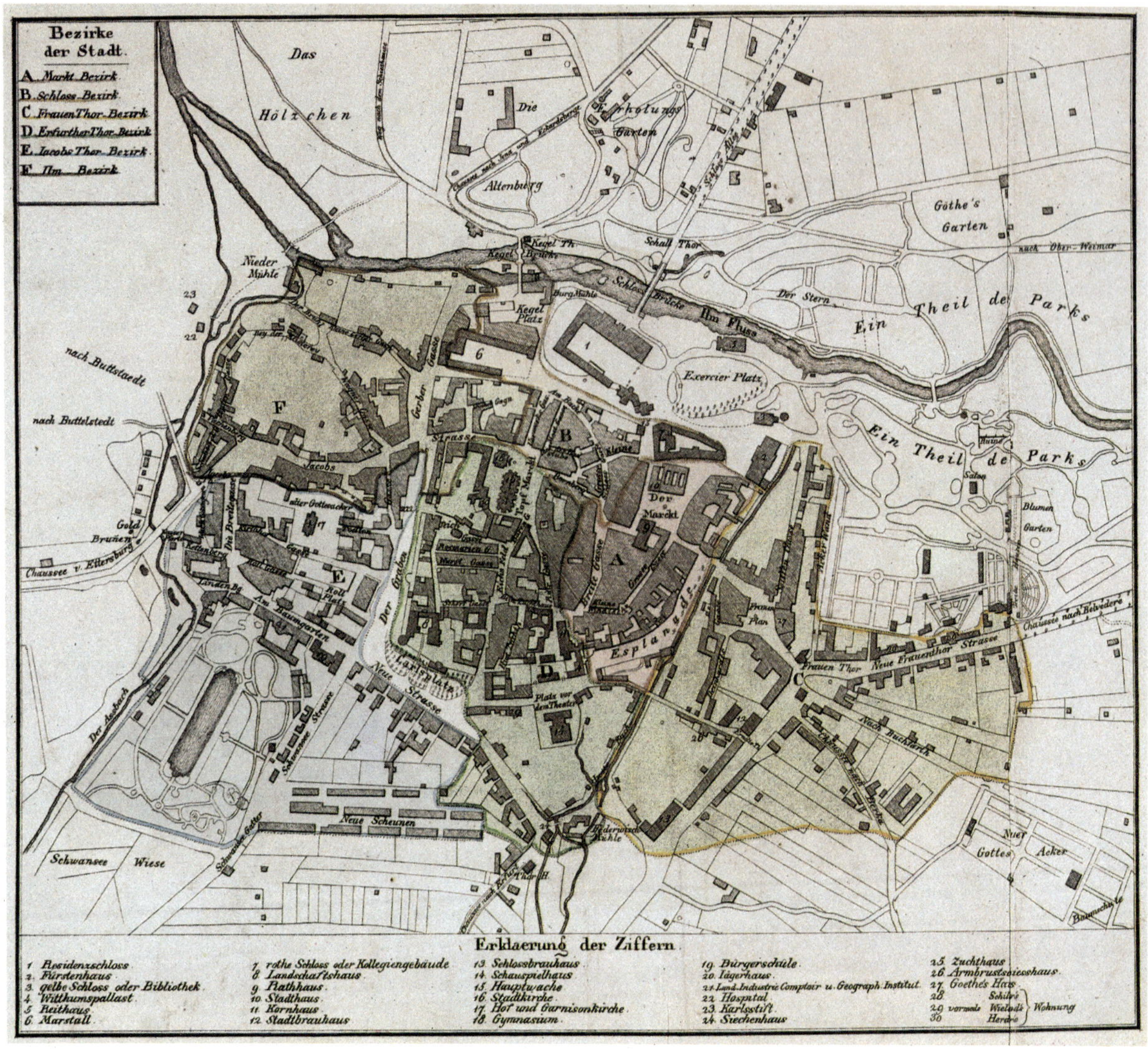

Das Vogelschießen der Stahl- und Armbrust-Schützengesellschaft in Jahr 1832. Kolorierter Stich von August Böhme. (Umschlag außen, Ausschnitt)
Weimar von Osten. Kolorierte Feder- und Tuschezeichnung von Unbekannt. um 1780/90 (?) (Frontispiz)
Plan der Großherzoglichen Residenzstadt Weimar. Im Verlag des Geographischen Instituts 1826. (oben)
Berühmte Größen der Residenz Weimar. Kolorierte Lithographien von Unbekannt. Um 1825 (Vorsatz)

Über den Reiz historischer Genrebilder

Anstelle eines Vorworts

Wer es unternimmt, auf recht beschränktem Raum Sittenbilder des ›klassischen‹ Weimars darzustellen, läuft Gefahr, in doppelter Hinsicht anmaßend zu erscheinen. Zum einen ist die Weimar-Literatur nahezu unüberschaubar; wer wollte den Anspruch erheben, aus vielfach durchforschtem Grund noch unbekannte Schätze ans Tageslicht zu befördern? Zum anderen ist das Vorhaben, aus einzelnen kulturgeschichtlichen Farbtupfern ein umfassendes Bild entstehen zu lassen, tatsächlich gewagt.

Wenn dennoch das Wagnis eingegangen wurde, eine populäre Darstellung des Alltags im damaligen Weimar zu versuchen, dann nicht zuletzt aus der Überlegung heraus, daß nur der besitzt, was er ererbt von seinen Vätern, wer es immer wieder sichtet, ordnet, wertet und somit erwirbt. Im konkreten Falle hieß das, kulturgeschichtliche Einzelheiten zu den verschiedensten Lebensbereichen zusammenzutragen, sich dem zuweilen mühseligen Geschäft des ›Zusammenlesens‹ im doppelten Wortsinne hinzugeben – umfangreicher Lektüre unterschiedlichster Quellen und verschiedentlich akribischem Puzzlespiel beim Zusammensetzen der Fakten.

Anliegen dieser Schrift ist, mit dem alltäglichen Leben der Bürger Weimars vor 150 bis 250 Jahren eine Seite des Erbes stärker ins Bewußtsein zu heben, die häufig zu kurz kommt. Zu oft ist der moderne Mensch, der eine fernbeheizte Neubauwohnung, Auto, Kühlschrank und Fernsehapparat als selbstverständlichen Besitz ansieht, geneigt, seine eigenen Lebensgewohnheiten in die Vergangenheit zu projizieren. Zum anderen ist das Wissen über bestimmte Formen und Inhalte früherer Existenz im Laufe der Jahre, Jahrzehnte und Jahrhunderte weitgehend verschüttet worden.

Im folgenden geht es also nicht – besser: nicht in erster Linie – um die großen Stränge der Weimarer Stadtentwicklung, wie sie zum Beispiel in der ›Geschichte der Stadt Weimar‹ (Weimar 1975) verfolgt worden sind. Es geht auch nicht um die bewußte Konzentration des Blicks auf die ›Großen‹ in dieser Stadt, wie dies in dem reizvollen Buch ›Das alte Weimar skizziert und zitiert‹ (Weimar 1977) und in dem repräsentativen Band ›Goethe in Weimar‹ (Leipzig 1986) geschehen ist. Auch der akzentuiert sozial- und ökonomiehistorische Blickwinkel der Broschüre ›Weimar zur Goethezeit‹ (Weimar 1980) war nicht angestrebt. Wiewohl die herausragenden Künstler und Gelehrten Weimars nicht ausgeklammert werden sollen – was auch gar nicht möglich wäre –, geht es hier doch hauptsächlich um die persönlichen Lebensverhältnisse des anonymen Zeitgenossen, des heute im geschichtlichen Dunkel verschwundenen ›Durchschnittsmenschen‹, mithin um das scheinbar so farblose, scheinbar so unwichtige, weil – kurzschlüssig betrachtet – so unbedeutende historische Detail. Der Autor gesteht, es mit Vorsatz gesucht und mit liebevoller Sorgsamkeit einbezogen zu haben.

Natürlich ist es wichtig zu wissen, welche Produktionsweise in einer historischen Epoche die vorherrschende war und welchen Stand die Produktivkräfte erreicht hatten; nicht minder interessant jedoch ist eben auch das kulturgeschichtliche Umfeld, wird doch bei seiner Kenntnis der rational-abstrakte Kern materialistischer Geschichtsdarstellung ergänzt durch das menschlich Berührende, das Emotionale, mitunter auch Kuriose, das den Heutigen erst in sinnliche Beziehung bringt zum Vergangenen.

Viele ›kleine‹ Fragen sind zu stellen: Was aß der Krämer zu Mittag? Ab wann gab es Kartoffeln?

Wie oft konnte man sich Fleisch leisten, erhielten Kinder Süßes? Welche Bedeutung hatte das Vogelschießen, welche der Theaterbesuch? Warum waren Brände elementaren Naturkatastrophen gleichzusetzen? Welche Krankheiten plagten die Menschen, wann half der Arzt? Warum war es ein Risiko, abends auszugehen, und warum wurden vor allem Textilien gestohlen? Was war ein ›Kopfstück‹, was ein ›Schwedenkopf‹? Was Bremer Bricken, was Bischoff-Essenz, was Pfennigbrot?

Fragen über Fragen, die in ihrer Fülle nicht einmal andeutungsweise benannt, geschweige denn erschöpfend beantwortet werden können. Geht man ihnen aber nach, so wird aus der Vergangenheit, die Thomas Mann mit einem unergründlichen Brunnen verglich, manchmal nur schemenhaft, zuweilen aber auch scharf konturiert, die Umwelt und Existenzweise der Altvorderen deutlich, und wir Menschen des 20. Jahrhunderts registrieren oft mit Erstaunen, aus welch einfachen, ja primitiven Daseinsweisen sich die unsrigen, scheinbar so zivilisierten, bequemen und kulturvollen herleiten. Doch es kann sich auch der Gedanke aufdrängen, daß unsere Vorfahren verschiedentlich naturverbundener, umweltbewußter und damit natürlicher gelebt haben, und wir sehen uns dann gehalten, nach dem Sinn oder Unsinn verschiedener moderner Lebensformen, Sitten und Gewohnheiten zu fragen. Nicht nur Ergötzliches im Sinne des heute Überraschenden, Unbekannten sollte also der Leser erwarten, wenn zur Sozialstruktur, zur Arbeitswelt, zu Familie, Ernährung und Bekleidung, zu Hygiene und Volksgesundheit, zu Vergnügungen und Bedrängungen der Weimarer zwischen 1750 und 1850 in zwangloser Reihung ausgewählte Beispiele geboten werden. Vielmehr war es auch beabsichtigt, das tief verwurzelte Heimatgefühl der ehemals in dieser Stadt lebenden einfachen Menschen zum Ausdruck zu bringen. Die Frage: Warum liebt man die Heimat? beantwortete Bertolt Brecht so: »Deswegen: das Brot schmeckt da besser, der Himmel ist höher, die Stimmen schallen da kräftiger, der Boden begeht sich da leichter.«

Herzog und Hof, Bürger und Bedienter

Sozialstruktur

Serenissimus dem [entissime] reg [ens] haben den zeitherigen Fürstl. Reutknecht, Herrn Johann Balthasar Böttner, mittels gnädigst ausgefertigten Decrets vom 15ten Junii a. c. zum Unter-Bereuter bey Dero Fürstl. Marstall ernannt. *WWA, Nr. 56, 15. Juli 1789*

Die geschichtliche Entwicklung und die geografische Lage Weimars hatten in Jahrhunderten ein für die Stadt charakteristisches Faktum gezeitigt: arrogante Hofgesellschaft und unterwürfiges Kleinbürgertum prägten überwiegend den äußeren Rahmen des kommunalen Lebens.[1] Sitten, Gebräuche, Gewohnheiten, soziale Strukturen und Verhaltensweisen wurden vom widerspruchsvollen Dualismus dieser beiden größten Gesellschaftsschichten der Residenz diktiert. Auch in der zweiten Hälfte des 18. Jahrhunderts waren die Gegebenheiten nicht anders. Aus allen Quellen jener Zeit spricht die muffige Enge, die durch diese Konstellation im öffentlichen Leben erzeugt wurde. Auch die Übernahme der Regierungsgeschäfte durch die Herzoginwitwe Anna Amalia am 30. August 1759 veränderte daran zunächst nichts. Der von ihr als Prinzenerzieher aus Erfurt berufene Professor Wieland fühlte sich durch die Weimarer Situation so bedrückt, daß er 1773 an Johann Georg Jacobi schrieb: »Bis ich so reich bin, mir ein kleines Bauerngütchen zu kauffen, wohin ich mich flüchten kan, wenn ich fühle, daß die Hofluft meine Seele krank zu machen anfängt, werd' ich nie völlig froh seyn. Die Luft, worinn ich athme, ist meinem Herzen nicht homogen. – Nicht als ob ich von Ansteckung was zu besorgen hätte; aber man hört und sieht so oft Dinge, die einen Unmuthig oder ungehalten machen, und dan wird man schlimmen Humors, und dann sieht man alles im falschen Licht und ist weder mit sich noch mit der Natur, noch mit irgend etwas recht zufrieden. Und dies ists allein, was mich bewegt, in vollem Ernst das Faß des Diogenes einem Apartment in welchem Schlosse in Europa Sie wollen vorzuziehen.«[2]

Christoph Martin Wieland war 1772 als Erzieher des noch unmündigen Erbprinzen Karl August in die Stadt an der Ilm gekommen. Zumindest in kultureller Hinsicht hatte dessen Mutter Anna Amalia bereits Wandlungen bewirkt: bürgerliche Gelehrte von der Jenenser Akademie nahmen auf die Erziehung des Prinzen Einfluß, Künste und Künstler wurden gefördert, »eins der besten deutschen Theater« – so das Urteil Goethes[3] – war in Weimar »eingerichtet und berühmt durch Schauspieler sowohl als Autoren, die dafür arbeiteten«.

Die Masse der Bewohner des philiströsen Ackerbürgerstädtchens wurde davon jedoch kaum berührt. Erst mit dem Eintreffen Goethes am 7. November 1775, der auf Einladung des gerade mündig gewordenen Herzogs Karl August anreiste, kamen für jedermann sichtbare Neuerungen auf; das Weimarer Genietreiben nahm seinen Anfang. Christoph Wilhelm Hufeland, der als Dreizehnjähriger diese »wunderbare Revolution« in Weimar erlebt hatte, erinnerte sich später, wie vehement Goethe seine Gunst bei dem damals jugendlich-unfertigen Herrscher nutzte, ihn »plötzlich aus einer pedantischen, beschränkten, verzärtelnden Hofexistenz in's freie Leben hinausriß, und damit anfing, dass er ihn im Winter eiskalte Bäder nehmen liess, ihn beständig in freier Luft erhielt und mit ihm in seinem Lande herumreiste, wobei denn überall brav gezecht wurde, wodurch man aber auch genaue Kenntnisse des Landes und der Persönlichkeiten erwarb. Die erste natürliche Folge dieser heroischen Kur war freilich ein tödtliche Krankheit des Herzogs, aber er überstand sie glücklich, und der Erfolg war ein abgehärteter Körper für das ganze folgende Leben, so dass er ungeheure Strapatzen hat aushalten können. – Genug es folgte eine vollständige Umwälzung. Alle jungen Leute legten Goethe's Uniform: gelbe Weste und Beinkleider und dunkelblauen Frack an, und spielten junge Werther; die Alten murrten und seufzten.«[4]

Beim Murren und Seufzen allein dürfte es beim Weimarer kleinbürgerlichen Publikum nicht geblieben sein; Verwunderung, Staunen, ja Entsetzen mußte es hervorrufen, wenn der Herzog sich am Stelzengehen, Pferderennen, Raufen und anderen wilden Kraftäußerungen beteiligte oder wenn er mit Goethe auf dem Weimarer Marktplatz um die Wette Peitsche knallte – was übrigens gegen die noch gültige Stadtordnung von 1590 verstieß. Ein Zeitgenosse, Joseph Rückert, charakterisierte den genialischen Mutwillen der jungen Leute mit folgenden Worten: »Die Raserei des Geistes hatte einen so hohen Grad erreicht, daß Lenz, der arme, den sein Unstern nach Weimar mitten in den Wirbel hineinführte, bei dem Anblick eines in der Sonne liegenden Kuhfladens in die bekannten ekelhaften Worte ausbrach: ›Welche Wonne ein Kuhfladen zu sein und in der Sonne zu liegen!‹ – Es wurde auf neugenialisch getobt, gelärmt und gestampft, daß der damals noch gut prosaische Boden von Weimar bebte und dampfte und die schüchternen Nymphen in ihre Höhlen flohen. Es wurden Schauspiele gemacht und auf Bergen, in Wäldern und in Tälern aufgeführet. Jeder Platz an und um Weimar wurde zur Bühne eingeweiht, und die Gegend zeigt noch jetzt allenthalben die Ruinen jener goldenen Zeit des Genies. Auch Wieland sollte in den wilden Tumult hineingerissen werden, aber dem Sanften graute vor den halsbrechenden Feten und Spielen.«[5]

Auf den jungen Fürsten lenkend einzuwirken, ihn zum Wohle seines Landes Sachsen-Weimar-Eisenach vom Heißsporn zum charakterfesten und ständisch unvoreingenommenen Herrscher umzubilden, dies war eines der edelsinnigen Ziele, die Goethe konsequent verfolgte, z. B. bei der gemeinsam mit und wegen Karl August unternommenen Schweizreise 1779. Wie widersprüchlich und langwierig sich Fürstenerziehung gerade bei diesem Herzog erwies, hat Goethe mehrfach selbst geschildert[6]; 1781 schrieb er an Charlotte von Stein: »Mich wundert nun gar nicht mehr daß Fürsten meist so toll, dumm, und albern sind. Nicht leicht hat einer so gute Anlagen als der Herzog, nicht leicht hat einer so viel verständige und Gute Menschen um sich und zu Freunden als er, und doch wills nicht nach Proportion vom Flecke, und das Kind und der Fischschwanz gucken eh man sich's versieht wieder hervor. Das größte Übel hab ich auch bemerckt. So passionirt er fürs gute und rechte ist, so wirds ihm doch weniger darinne wohl als im unschicklichen, es ist ganz wunderbaar wie verständig er seyn kan, wie viel er einsieht, wieviel kennt, und doch wenn er sich etwas zu gute thun will so muß er etwas Albernes vornehmen, und wenns das Wachslichter zerknaupeln wäre. Leider sieht man daraus daß es in der tiefsten Natur steckt, und daß der Frosch fürs Wasser gemacht ist wenn er gleich auch eine Zeitlang sich auf der Erde befinden kan.«[7]

Doch hatte Goethe wohl recht, wenn er viel später gegenüber Eckermann Karl August mit einem edlen Wein verglich, der sich in seiner Frühzeit eben »noch in gewaltiger Gärung«[8] befunden habe. Standesdünkel war Karl August in der Tat fremd, Leutseligkeit, Umgänglichkeit und Bürgernähe, aber auch Strenge und Konsequenz sind Züge, die ihm im zeitgenössischen Urteil glaubhaft zugeschrieben werden. Die Schauspielerin Karoline Jagemann, die als spätere Geliebte Karl Augusts zur Freifrau von Heygendorf avancierte, darf trotz ihrer dadurch etwas verminderten Objektivität im Urteilen hier angeführt werden: »Wir kleinen Leute in Weimar standen unserem Fürsten nicht so fern wie die großen in prächtigen Residenzen, der herrliche Park, den er geschaffen hatte, wimmelte von Kindern, mit denen er sich gelegentlich freundlich unterhielt; sie sahen ihn oft und liebten ihn mit der Ehrfurcht, die sie von den

Eltern überkommen hatten. Unvergeßlich ist mir aus meinen Kinderjahren der Moment, als ich an einem schönen Morgen, wie man zu sagen pflegt, an den Ufern der Ilm spazierenging, Blumen pflückte und sie in den Kahn trug, den man mittels Tauen und Rollen an das gegenseitige Ufer beförderte. Ich konnte nicht mehr vorwärts noch zurück, als der Herzog auf die Stufe herabtrat, um sich augenscheinlich dieses Fahrzeugs zu bedienen. Als er die Stränge faßte, um den Kahn an sich zu ziehen, wollte ich mit einem tiefen Knix die terra firma gewinnen, aber ein alter häßlicher Husarenoffizier hob mich zu sich herauf und gab mir einen abscheulichen Kuß, den ich auf der Stelle abwischte. Der Herzog klopfte mir sanft die Wange und fragte nach meinem Namen, worauf ich mich als die kleine Jagemann vorstellte, eine Szene, von der nichts mehr vorhanden ist als die Erinnerung und der Pfahl, an dem die Taue befestigt waren. Goethe gab damals zuweilen Kindern aus bekannten Familien Feste im Freien, an denen der Herzog stundenlang teilnahm; seine Scherze gewannen ihm die Liebe und Anbetung der Kleinen, während tausend Züge von Milde und Gerechtigkeit, die sein einfaches und fürstliches Wesen offenbarten, die treue Anhänglichkeit der Untertanen beförderten. Als ein Teil der Vorstadt von einem Wolkenbruch unter Wasser gesetzt war und Menschen wie Tiere in Lebensgefahr schwebten, ritt er in die Flut und brachte durch zweckmäßige Anordnungen den Geängsteten Hilfe; bei jeder Feuersgefahr übernahm er das Kommando, hörte jeden Notleidenden an und sandte den Würdigen zur rechten Zeit Trost und Erquickung.«[9]

Ständische Toleranz und bürgerlicher Arbeitseifer, die Karl August auszeichneten, änderten andererseits überhaupt nichts daran, daß er in politischer Hinsicht aristokratisch dachte und handelte. Die Weimarische Residenz war jahrelang ein beliebter Exilort, da der Fürst von der Revolution vertriebene französische Adlige großzügig aufnahm. Noch im Jahre 1800 berichtete der am Hofe verkehrende Friedrich von Oertel, wie diese Emigrierten das herzogliche Säckel schröpften: »Es befinden sich jetzt eine Menge Ausgewanderter hier, und die politische Noth drängt bald nahe von Maynz her. Auch einige principes sine terra sind hier, und von den Ausgewanderten unter andern der bekannte Mounncier [Jean Joseph Mounier], Mitglied der ersten Nationalversammlung, ein Comte Fouque, zwei Comtes Mallet, ein Comte Dumanoir, ein Abbé du Vaux, ein Abbé Brissard, &c. &c. Dieser Menschen Glück macht größtentheils die fürstliche Gnade, eine wöchentliche Einladung an Hof, und ihr pouvoir vivre en bon train, et pouvoir montre bonne façon: ferner daß sie im Kleinern die Rückerinnerung voriger Zeiten genossen, und bisweilen statt Votre Altesse, gleichsam als wären sie noch am Hofe Ludwigs, Votre Majesté, sagen. Auf so eine plumpe Art schmeicheln bisweilen, die sonst so feinen Franzosen. ... die Emigrierten ... sind in ihrer jezigen Lage freilich zu bedauren, aber auch – zu verdammen. Wer hat ihnen denn geboten zu emigrieren? Wer ihnen eine solche Anhänglichkeit an falschen Ruhm und Ehre, als Nahmen, Stand, Ordens, Religion und Gunst der Fürsten, verheissen? Jezt kommt dies ihnen alles theuer zu stehen.«[10]

Die ökonomische Belastung wurde zuzeiten so erheblich, daß der auf Sparsamkeit bedachte Karl August rigoros einschreiten mußte. Der bei Oertel erwähnte Mounier beispielsweise hatte in Weimar ein nach adligen Grundsätzen arbeitendes Erziehungsinstitut eingerichtet und verlangte für jeden seiner 12 Zöglinge einen Bedienten, ausländische Lehrer, eine gesonderte Verköstigung der Eleven usw.[11] Karl August forderte Zweckmäßigkeit und Maßhalten, was durchaus seinem Charakter entsprach; er »liebte das Derbe und Unbequeme und war ein Feind aller Verweichlichung«[12], urteilte Goethe.

Die Volkstümlichkeit des weimarischen Fürstenhauses, ausgeprägt schon zu Anna Amalias Zeiten, verstärkte sich in den Jahren der napoleonischen Fremdherrschaft und während der Freiheitskriege noch. Das standhafte Auftreten der Herzogin Luise gegenüber dem französischen Kaiser 1806, die Aufnahme der abgebrannten oder geplünderten Weimarer Bürger im Schloß, schließlich die populäre Rolle, die Karl August selbst in den Kämpfen von 1813/14 spielte, mögen dazu beigetragen haben. Charakteristisch für den schon bejahrten Fürsten ist eine Szene, die Julius Schwabe überliefert hat. Zu den weimarischen Vogelschießen, die seit 1805 wirkliche Volksfeste waren, erschienen auf dem Festplatz neben anderen Sehenswürdigkeiten stets mehrere Menagerien, die der tierliebende Großherzog zu besuchen pflegte: »Im Jahre 1824 wurde mein Vater, der damals Bürgermeister von Weimar war, officiell benachrichtigt, daß der Großherzog am nächsten Vormittag die in der Schießhausallee aufgestellte Martinsche Menagerie zu besuchen beabsichtige. Mein Vater empfing den Großherzog zur festgesetzten Stunde beim Schießhaus und geleitete ihn in die Menagerie. Außer dem gewöhnlichen Kontingent von Löwen, Tigern usw. befand sich hier auch ein durch Größe und Stärke ausgezeichneter Wolf. Derselbe saß nach Hundeart in seinem Käfig, gegen dessen eisernes Gitter er sich lässig träge lehnte. Ohne weiteres steckte der Großherzog seine Hand zwischen den Eisenstangen durch und kraulete den Wolf im Nacken. Mit erschreckter Miene bat der Menageriebesitzer meinen Vater, dem Großherzog zu sagen, daß der Wolf ein höchst gefährliches, bissiges Tier sei, und daß weder er selbst, noch einer der Wärter es wagen würde, sich dem Wolf in dieser Weise zu nähern. Der Großherzog hörte, was der Menageriebesitzer zu meinem Vater sagte und entgegnete: ›Lassen Sie das nur gut sein! Die Bestie weiß, wer es gut mit ihr meint.‹ Und er fuhr noch eine Weile fort, dem Wolfe mit fester Hand die dichte Halskrause zu craueln. Der Wolf aber war durch die ihm ganz neue Liebkosung offenbar in eine so gemütliche Stimmung versetzt, als dies bei einem Wolfsgemüt möglich ist, und gab sein Behagen dadurch zu erkennen, daß er nicht nur still hielt, sondern auch seinen ohnehin stattlichen Mund durch Ziehen der Winkel desselben bis zu den Ohren verlängerte und ein wohliges Knurren hören ließ. Der schiefe Blick, welchen er dabei auf das umherstehende Menageriepersonal warf, schien sagen zu wollen: ›Von jedem leide ich's freilich nicht.‹«[13]

Nach Karl Augusts Tod im Jahre 1828 trat sein Sohn Karl Friedrich die Herrschaft an. In keiner Weise das Profil seines Vaters erreichend, legte der neue Großherzog zudem eine aristokratische Borniertheit an den Tag, die Auswirkungen zeitigte. Johann Diederich Gries schrieb 1829 an Heinrich Abeken über die jahrzehntelang als Gastgeberin beliebte Johanna Schopenhauer: »Freilich ist auch die Gesellschaft in Weimar für sie nicht mehr, was sie ehemals war. Sie pflegte sonst an allen geselligen Zusammenkünften des Adels Theil zu nehmen. Nun hat der jetzige G[roß] h[erzog] die Gewohnheit angenommen, sich häufig bei diesen einzufinden, und da sein eingefleischter Haß gegen die bürgerliche Canaille bekannt ist, wagt man nicht mehr, solche einzuladen. Daher sieht die arme Frau sich jetzt aus vielen Gesellschaften verbannt, wo man sie ehemals mit Freuden aufnahm. . .«[14]

Drei Jahrzehnte vorher, zu Beginn des Jahrhunderts, hatte es zumindest noch bescheidene Ansätze zur Überwindung ständischer Schranken gegeben. Karoline Herder berichtete am 3. Januar 1800 an Karl Ludwig von Knebel, es sei »das erste Wunder in Weimar geschehen«: »Die Adelich- und Bürgerlichen haben einen Klubb zusammen gegeben, wobei Alle vom Adel, Erbprinz und Prinzeß, auch die Unsrigen, gewesen sind: es soll zu beider Theile Zufriedenheit ausgefallen sein – er soll besser gewesen sein, als jeder sonst besonders. – Wenn das so fortgeht, was, denken Sie, wird aus dem Kindlein? Es sind doch wenigstens Anklänge des neunzehnten Jahrhunderts.«[15] Freilich war das auch damals schon zu relativieren; Jean Paul bemerkte bereits 1799 völlig realistisch in einem Brief an den Freund Christian Georg Otto: »Du hast keine Vorstellung, was hier um ein Eckchen Regenschirm vom Thronhimmel geschoben und gezankt und gestoßen wird; ich sehe im Regen der Gruppe zu und bleibe Philosoph.«[16]

Die Anklänge des 19. Jahrhunderts, von denen

Karoline Herder sprach, wurden durch die neue Stadtordnung von 1810 und die Freiheitsbegeisterung in den Kriegen von 1813/14 noch verstärkt; Goethes Schwiegertochter Ottilie, selbst Sproß einer adelsstolzen Familie, sprach nach 1815 in diesem Zusammenhang ironisch von einer regelrechten »Mischungswut«[17] zwischen Adel und Bürgertum in Weimar. Mit dem Mord an August von Kotzebue durch den Jenenser Studenten Karl Ludwig Sand 1819 und der einsetzenden Restriktionspolitik der ›Heiligen Allianz‹ fanden solche Tendenzen auch in Weimar ihr Ende.

Bezeichnend für die wachsenden sozialen Spannungen nach 1818 und die dann folgende biedermeierliche Zurückgezogenheit und politische Abstinenz ist eine Tagebucheintragung der schriftstellernden Adele Schopenhauer, der sehr sensiblen Tochter Johanna Schopenhauers: »Einen Mißton machte das Festwesen; die Spannung zwischen Adel und Bürgerlichen wächst leider immer mehr ... Diese letzte Woche war trübe – der Tod Kotzebues steht mit dem Bund der Burschenschaft in genauester Verbindung, wir stehen am Rande des furchtbarsten Abgrundes, uns droht Revolution. Die tausendköpfige Schlange, die alle Hände, alle Herzen auseinanderreißt! Wenn ich diese Möglichkeit bedenke und die vergeblichen Opfer hier zurückrufe, so schaudert mich, und mein Mut bricht ganz zusammen.«[18]

Noch im Jahre 1800 konnte Friedrich von Oertel die Existenz von drei wenigstens teilweise bürgerlich-adeligen Klubs in der Stadt konstatieren: »einer Montags, der nur aus Herren – Bürgerlichen und Adelichen zugleich – besteht; ein zweiter Mittwochs, der aus Herren und Damen, aber blos bürgerlichen, besteht; und den dritten Freytäglichen constituiren allein Adeliche – Herrn und Damen – vorzügliche junge Herren und Fräulein, die aber nur Tanzlust anwandelt. Diese Gesellschaft kömmt blos des Tanzes wegen zusammen; ich will aber deswegen eben nicht glauben, daß sie sich sonst nicht anders zu unterhalten wüßten, o nein – – –.«[19]

Zwanzig Jahre später spielte sich gesellschaftliches Leben viel stärker in privaten, streng abgegrenzten Kreisen ab. Sehr genau hat der englische Reisende John Russell 1820 das städtische Leben Weimars in seiner sozialen Trennung beobachtet und einfühlsam charakterisiert: »Vergebens würde man in Weimar das fröhliche Getümmel, oder die geräuschvollen, sinnlichen Freuden einer Hauptstadt suchen; es giebt ihrer hier zu wenig, welche den Müßiggang lieben, auch zu wenig wohlhabende, um sich unnützen Zerstreuungen überlassen zu können. Ohne daß es einer Polizey, am allerwenigsten einer geheimen bedürfte, stellt die Kleinheit der Stadt und die gewohnte Lebensart einen Jeden unter die besondere Aufsicht des Hofes, und dieser ist weit entfernt, jemals zu gestatten, daß sein literarischer Ruhm je durch übertriebenen Prunk oder Zügellosigkeit der Sitten entweiht werde. Der Adel, in Hinsicht auf die Bevölkerung immer noch zahlreich genug, bestehet aus Personen, deren Vermögensumstände sehr mäßig und eingeschränkt sind; ja Manchen unter ihnen würde es schwer fallen, so einfach und nüchtern auch die gewohnte Lebensweise ist, wenn sie nicht bey der Regierung in irgend einem oder dem andern Posten, als Minister, Räthe, Richter oder Kammerherren angestellt wären. Schwerlich läßt sich da eine unordentliche und verschwenderische Lebensart befürchten, wo man genöthiget ist, von außen auf einer Treppe zu den Versammlungen des Ministers zu steigen, und ein Kammerherr in dem dritten Stockwerke Partien giebt, welche sogar mit der Gegenwart des Prinzen beehrt werden. Ein Mann, dem es blos um das Vergnügen zu thun ist, möchte leicht Weimar für einen traurigen Ort halten. Der Vormittag ist den Geschäften gewidmet, und selbst die wenigen Abgesonderten, welche nichts zu thun haben, würden sich schämen, für Müßiggänger gehalten zu werden, bis die Nähe der Mittagsstunde, wo frühzeitig gegessen wird, zu einem Spaziergang in den Park, oder zu einer Fahrt nach Belvedere auffordert. Um sechs Uhr eilt Jedermann in das Theater, welches man die Versammlung einer großen Familie nennen möchte, ausgenommen daß die großherzoglichen Personen sich in einer besondern Loge befinden. Ungefähr um neun Uhr endiget die Vorstellung, und man kann annehmen, daß gegen zehn Uhr jeder Hauswirth sich in tiefem Schlafe befindet, oder wenigstens ganz ruhig die Nacht hindurch in seinen vier Pfählen weilt.«[20] Und weiter heißt es bei Russel: »Politische Verhandlungen und Verbindungen sind hier völlig unbekannt. In den Gesellschaften zu Weimar sind Sang und Scherz, Dichtkunst und Malerey, das neueste Schauspiel oder ein Roman, oder die Abenteuer der letzten Schlittenfahrt nach Belvedere oder Berka, ausschließend die einzigen Gegenstände, über die man sich gegenseitig unterhält, und keine Seele, ausgenommen die jenaischen Professoren scheinen sich auch nur im Geringsten darum zu bekümmern, wie die ein und dreißig Mitglieder ihr Geld tagtäglich verdienen mögen. Dies liegt zum Theil in ihrem National-Charakter. Ihr politisches Leben ist noch zu jung . . .«[21]

Sehr bezeichnend und die Situation erhellend ist auch folgendes Detail, das der Berliner Romancier und Journalist Ludwig Rellstab über seine Theaterbesuche im Jahre 1821 mitteilte. Er hatte sich »im Theater auf einen Platz abonirt, wie dies in ganz Weimar Sitte war: jedoch nicht im Parterre und Parquet, wo alle Plätze vergeben waren, auch nicht auf dem adligen Balkon (die eine Hälfte des Hauses war in der That nur vom Adel eingenommen) sondern in der Logenreihe diesem gegenüber, wo links von der meinigen die Loge des Großherzogs sich befand – nur eine Loge blieb als Zwischenraum – und rechts lag die Abonnementsloge von Froriep, der, obwohl sehr reich und angesehen, als Führer der Bertuchschen Etablissements doch nicht auf dem adligen Balkon erschien. Diese Absperrung des Adels war so streng in dem damals für liberal geltenden Weimar gehalten, daß es, wie ich späterhin erfuhr, großes Aufsehen erregte, wenn ich von meinem Platz aus gegenüber in den Logen einige Besuche machte bei Frau von Göthe oder andern Bekannten dieser vornehmen und abgeschlossenen Sphäre. Man sprach davon in Weimar, wie von einem Ereigniß!«[22]

Von der zunehmenden Sterilität und Verflachung der Weimarer offiziellen Gesellschaft – und um so mehr der kleinbürgerlichen Kaufleute, Handwerker, Gewerbetreibenden, der Boten, Knechte, Lehrjungen usw. – wußte auch der Genfer Prinzenerzieher Frédéric Soret zu berichten, der 1824 enttäuscht nach Hause schrieb: ». . . hier ist alles tot und eintönig, denn Tanzvergnügen und Festessen betrachte ich nicht als geistige Anregung, und ich werde mich wohl hüten, Sie mit solchen Zerstreuungen unterhalten zu wollen. Andrerseits hat, sei es durch Weimars geographische Lage, sei es durch die Gepflogenheiten bei Hofe, niemand hier ein besonderes Interesse für äußere Politik, man spricht nicht davon, und wenn man ab und zu die Nase in eine Zeitung steckt, so ist das viel: meine Faulheit im Briefeschreiben wird dadurch noch bestärkt, und an Neuigkeiten weiß ich heute weniger denn je. Geistige Anregung finde ich lediglich in einem überaus kleinen, aber um so interessanteren Kreis von Bekannten . . . «[23]

Wie spärlich und bescheiden, wie provinziell und beschränkt sich gesellschaftliches Leben in den zwanziger Jahren in Weimar ausnahm, schilderte Russell sehr bildhaft: »Wie alle ihre Mitschwestern in Sachsen, so sind auch die hiesigen Frauenzimmer Muster des Fleißes: sie mögen zu Hause oder auswärts seyn, so wechseln Strickstrumpf und Nähnadel ununterbrochen miteinander ab. Ein Frauenzimmer, welches in eine Gesellschaft geht, würde sich so viel nicht daraus machen, ihren Fächer vergessen zu haben; aber nicht eine halbe Stunde würde sie es aushalten ohne den Bedarf ihrer weiblichen Arbeiten. Einer Mannsperson dürfte es durchaus nicht verargt werden, wenn sie beym Eintritt in ein solches Besuchszimmer in Zweifel stünde, ob sie sich nicht gar in eine Industrieschule verirrt hätte, und ob man nicht eher erwartet habe, Strümpfe zu kaufen, als an ihrer kleinen Unterhaltung Theil zu nehmen. In Dresden geht es so weit, daß selbst das

Theater nicht gegen das Strumpfstricken geschützt ist. Ich selbst sah eine Dame, welche ganz ernsthaft ihr Strickzeug hinlegte, um sich die Thränen abzutrocknen, welche Theklas Leiden in Wallensteins Tod ihren Augen entlockt hatten, und gleich darauf wieder zu ihrem Strickstrumpf greifen. Weimars Bewohnerinnen haben es gegenwärtig noch nicht für nöthig gefunden, die weichen Gefühle ihres Herzens hinter ihrem Arbeitsbeutel zu verbergen. Sie lieben mehr die Musik als den Tanz, und zuweilen wird ein verzweifelter Versuch gewagt, eine Masquerade zu veranstalten; allein es fehlt ihnen zu sehr an Lebhaftigkeit, ohne die ein solches Vergnügen eines der abgeschmacktesten wird. Die höheren Stände überlassen die Masqueraden den Bürgern, welche gravitätisch in einem Saal in schwarzen Dominos herumspazieren, und einander starr ins schwarze Antlitz sehen. [–] Wie es sich bey dem gelehrten Tone, der so lange geherrscht hat, und noch jetzt am Hofe und in den Ständen anzutreffen ist, nicht anders erwarten läßt, so sind auch die Frauenzimmer nicht ganz frey von dem Anstriche der Pedanterie geblieben; einige stecken ganz tief darinnen, und schütteln in einem so kleinen Bezirk ihren gelehrten Staub über Alles, was ihnen in Wurf kommt. Ein Haus macht sogar einen gewöhnlichen literarischen Club. Die gelehrten Mitglieder, die den Jahren nach sehr ungleich sind von sechzehn bis zu den sechzigern, halten ihre wöchentlichen Versammlungen am Theetische und hüllen sich in ein solches geheimnisvolles Dunkel, als feyerten sie die Mysterien der Bona Dea.«[24]

Es konnte demzufolge nicht verwunderlich sein, daß die im Jahre 1830 infolge der französischen Junirevolution in ganz Europa aufflackernden Widerstände gegen die Metternichsche Reaktion in der weimarischen Residenz helle Aufregung hervorriefen, in Goethes Haus ebenso wie in den Gassen, wo die Handwerker wohnten. Soret erinnerte sich: »Die kleinen Unruhen in Jena und die Erregung, die nach Weimar überzugreifen schien, haben Goethe sehr erschreckt und ihn krank gemacht; er hatte heute Herzkrämpfe; Ihre Kaiserl. Hoheit sandte mich zu ihm, um mich nach seinem Befinden zu erkundigen. Ich fand ihn sehr besorgt über diese Wendung der Dinge, und er klagte über den Lärm und die Unordnung, die sich daraus ergeben müßten; er nahm die Sache höchst tragisch. Goethe ist liberal in der Theorie; in der Praxis huldigt er entgegengesetzten Anschauungen.«[25]

Und was die Reaktionen in der Stadt betraf, so machte sich die Hofdame Karoline Egloffstein in einem Brief an eine Verwandte darüber lustig, daß sich alles hier fürchtete, »vornehm und gering«: ». . . komisch genug kommen mir die Leute wie der Mohr und Papageno vor! Gestern abend um ½ 6 Uhr, wie ich durch die kleinen Straßen ging, schlossen sich alle Riegel vor den Haustüren zu, alles spricht von Revolution, und es ist keiner da, der Lust hätte, eine zu machen. Jetzt erzählen sie sich, um sich fürchten zu lernen, zum Jahrmarkt werde der Lärm losgehen, und da es ziemlich mit dem 18. zusammenfällt, wo es immer viel Betrunkene und Lärmmacher gibt, so möchte ich Gustchen gern das Schreiben ersparen, was vermuthlich dann sein wird . . .«[26]

Nach Goethes Tod 1832 nahm die provinzielle Enge in der Stadt weiter zu. Hatte Karl Immermann bei seinem Besuch 1837 noch einen recht guten Eindruck von der Stadt und ihren Bewohnern erhalten,[27] so war das Urteil anderer schon viel kritischer. Der weitgereiste Russe Stepan Schewyrjow verglich das verschlafene Ilmstädtchen 1838 mit Pompeji: ». . . die Gräberstraße, die in die von den Einwohnern verlassene Stadt führt, ruft in uns die gleiche Verzagtheit hervor wie heute Weimar: nur Grabmäler und verödete Häuser großer Männer!« Dieser unangenehme erste Eindruck verstärkte sich im weiteren Verlauf des Besuchs noch: »Die Stadt lag in tiefem Schlaf, als der Dienstmann meine Habseligkeiten zum Gasthaus rollte. Der wachgeklopfte Hausknecht öffnete mir die Tür, und wies mir mürrisch, im Halbschlaf, das schlechteste Zimmer des ganzen Gasthofes an. Ich fragte, ob es kein besseres gäbe? ›Nein, sie sind alle belegt‹, war seine lakonische Antwort ... Morgens reichten meine Kräfte kaum aus, den Diener herbei zurufen; überhaupt nahm man mich sehr schlecht auf. Das kommt davon, wenn man zu Fuß in ein Gasthaus kommt. Als ich aber einen Lohnlakai nahm und erklärte, ich gehe zum Kanzler Müller, als ich auf die Frage des Wirts, ob ich im Gasthaus essen würde, antwortete, ich würde in Belvedere bei der Großfürstin essen, als der Wirt im Gästebuch neben meinem Namen den Titel eines Hofrats sah – da verwandelte sich alles: Der Wirt begleitete mich zum Wagen und schlug mir vor, mein Zimmer gegen ein besseres zu tauschen; beim Abendessen und am andern Tage beim Mittagessen nötigte er mich selbst, ein zweites Mal zu nehmen. Am Abend trat der ängstliche Hausknecht kriecherisch an mich heran und fragte mich dumm lächelnd, ob ich noch böse auf ihn sei. Am Ende sagte der Diener des Gastwirtes, als er mir vor der Abreise die Rechnung präsentierte, mit einer tiefen Verbeugung: ›Da haben Sie die Rechnung, Herr Hofrat!‹«[28]

Das Urteil, das zwei Jahre später Heinrich Gutzkow fällte, war noch vernichtender. Er schrieb 1840 an einen Schriftstellerkollegen: »Weimar ist kein Ort für Menschen, nur einer für Mumien. Hat man in Weimar nicht die direkteste Anknüpfung an den Hof, (die man nicht mehr bekommt) so ist in dem offenen Landstädtchen, wo alles klein, kümmerlich, langweilig hergeht, nicht zu existiren. Lassen Sie müde Wanderer in Weimar ausruhen! Für Sie und Freiligrath kann ein Städtchen nicht sein, wo es nur eine Trinkstube, den Rathskeller giebt, wo jedes Glas Wein, das man trinkt, gezählt und den folgenden Morgen von Haus zu Haus berichtet wird. Vier, fünf unbedeutende Leute, wie Biedenfeld, A. Bürck (gute Menschen, schlechte Musikanten) würden sich an Sie hängen und Sie in eine Sphäre hinüberziehen, die Ihnen jede quasigoethische Stellung dort verderben würde. Weimar ist durch und durch Nest.«[29]

Das Leben Eckermanns nach 1832, seine ökonomische und dadurch mit verursachte seelische Not, ungeachtet seiner Verdienste um den Hof und um Goethe, liefert das beste Exempel der krämerischen Kleinlichkeit und der sozialen Verspannungen, die vom großherzoglichen Kreise auf die Stadt ausstrahlten. Ein Vierzeiler Eckermanns, um 1844/45 niedergeschrieben, vermittelt einen Eindruck von den verkrusteten gesellschaftlichen Strukturen, an denen später auch ein Franz Liszt fast verzweifelte:

O falscher Hof mit deinem Schimmer,
Mit deinen Schranzen leer und hohl,
Mit leichtem Herzen dir auf immer
Sag' ich ein freudig Lebewohl.[30]

Der Stadtarmut, die weit unter dem Lebensstandard höfischer Kreise, des mittleren und kleineren Bürgertums seine Existenz fristete, waren strenge soziale Auflagen erteilt. So war z. B. das Einsammeln von Neujahrsgeschenken genau reglementiert und keineswegs für jedermann aus dem Dienstleistungsgewerbe erlaubt. Interessant ist die Aufzählung derer, denen man das kniefällige Bitten an den Bürgertüren verstattete, denn es sind dies die Berufsgruppen, die zu den Ärmsten gerechnet wurden. Dazu gehörten Kirchner, Chormitglieder, Ratsdiener und -boten, Stadt-Musici, Porteurs, Kirchenwärter, Türmer, Waisenkinder, Currentsschüler, Röhrenmeister, ›Oeßenkehrer‹, Nacht- und Feuerwächter, Brauer, Mühltreiber, Flurschützen, Scheunenwächter.[31] Wer nicht zu diesem Kreise rechnete, konnte für einen unerlaubten Bittgang mit 2 Talern Strafe belegt werden, wobei unklar ist, woher das Geld bei solchen Personen kommen sollte. Häufiger war wohl, daß Unberechtigte »durch die Almosendiener mit Schlägen nach Hause gewiesen«[32] wurden.

Meister und Geselle, Hab und Gut

Arbeitswelt

Es sucht eine junge gesittete Wittfrau des löbl. Schmiede-Handwerks einen guten geschickten Gesellen, der aus dem Feuer richtig arbeiten und die ganze Werkstatt als Mstr. führen kann. Je eher je lieber, und hat sich derselbe in der Schmiedeherberge zu Weimar zu melden und daselbst das Weitere zu gewärtigen.

WWA, Nr. 71, 3. September 1819

Als Wieland 1772 von Erfurt nach Weimar kam, schien ihm dieser Ortswechsel »einer Emigration in eine neue Welt ähnlich«. Noch im Jahr darauf beklagte er seine Einsamkeit, die er mit der »auf dem Berge Nitria oder mitten in der Wüste Zara« verglich. Erst Jahre später, mit Goethes Erscheinen, keimte Hoffnung auf, daß »doch Weimar noch der Berg Ararat« zu werden verspreche, »wo die guten Menschen Fuß fassen können«.[33]

Wielands Eindrücke erwuchsen – wie bereits angedeutet – aus der ständischen Beschränktheit des weimarischen Lebens, aber sicher auch aus der provinziellen Selbstgenügsamkeit und wirtschaftlichen Impotenz der Einwohnerschaft, was sich im dörflichen Stadtbild ebenso widerspiegelte wie in der mangelnden geistigen Aufgeschlossenheit.

Weimar, fernab der bedeutenden Handelsstraßen, war nach der Mitte des 18. Jahrhunderts ein ärmliches, ländlich geprägtes Städtchen von etwa 6000 Einwohnern. Enge, winklige Gassen, meist mit Stroh oder Schindeln gedeckte kleine Bürgerhäuser, zahlreiche Scheunen prägten das Stadtbild und paßten zu dem oft dörflichen Charakter vieler Haushaltungen. Der Schauspieler Eduard Genast berichtete, daß sein Vater, als er Ende der neunziger Jahre nach Weimar kam, »auch schon wieder fort« wollte, »denn großes Entsetzen flößte ihm die kleine Stadt ein, wo Rinder-, Schaf- und Schweineheerden ungehindert durch die Straßen lustwandelten«.[34] Offene, übelriechende Kanäle und Bäche durchquerten die Stadt, Tümpel und morastige Teiche verunzierten das feuchte Gelände um die Stadtmauern. Straßenpflasterung und Straßenbeleuchtung existierten nicht bzw. lagen im argen, so daß sich der abendlich Ausgehende zur Mitnahme von Laterne oder Fackel genötigt sah. Vier Stadttore im einengenden Doppelring der mittelalterlichen Mauerbefestigung ließen den Verkehr je nach Jahreszeit zwischen 3.30 und 6 Uhr morgens und 18 und 21.30 Uhr abends passieren; in den Nachtstunden blieben sie geschlossen, und der verspätet Heimkehrende wurde nur gegen ein Bußgeld, das sogenannte Sperr-Geld, eingelassen. Das führte dazu, daß man Hintertüren von Häusern, die an die Stadtmauer gebaut waren, benutzte oder entsprechende Gärten; selbst die Stadtmauer, ohnehin bereits seit Jahren lückenhaft, wurde überklettert. Da dies überhandnahm, mußte der Stadtrat noch 1789 für dieses Delikt 6 Taler Strafe androhen.[35] Die Bewohner führten ein schläfriges und anspruchsloses Leben, so daß die Stadt teilweise wie ausgestorben erschien. Lediglich zwei Wochenmärkte, drei Kram- und Viehmärkte, seit 1825 ein Wollenmarkt und der traditionelle Zwiebelmarkt brachten Bewegung und Farbe in das ansonsten grau und eintönig dahinschleichende Alltagsleben des Weimarer Kleinbürgertums. Zweimal wöchentlich erschien seit 1755 eine doppelseitige Zeitung, viermal wöchentlich wurde das Thurn- und taxische Postamt geöffnet, das über Buttelstedt an die großen Postrouten angeschlossen war. Nur der Hof verlieh Weimar einen gewissen Glanz, und außer den zwei Kirchen und dem Rathaus waren es auch ausschließlich fürstliche Gebäude, die die schiefen, winzigen Bürgerhäuser Weimars überragten.[36]

Aus dieser Situation resultierte die Zusammensetzung der Bevölkerung. Althergebrachte Berufe, vor allem des Dienstleistungsgewerbes, dominierten, wie Schuhmacher, Schneider, Fuhrleute, Fleischer, Bäcker, Müller, Gastwirte, Tischler, Schmiede, Böttcher, Maler usw. usf. Nur durch die Existenz des Hofes fanden Goldschmiede, Posamentierer oder Kupferstecher mehr oder weniger ein halbwegs gesichertes Auskommen. Amtspersonen und Männer von herausgehobener gesellschaftlicher Stellung ließen sich – so Karl von Lyncker – »im Publiko sehr wenig sehen, und niemals ohne einen Bedienten hinter sich . . . Diejenigen, die den genannten Herren begegneten, [pflegten] gewöhnlich stillzustehen, um sie ehrerbietig zu begrüßen.«[37]

Zum breitgefächerten Spektrum lebensnotwendiger Gewerbe gehörten zu dieser Zeit natürlich auch heute historisch überlebte Berufe wie Seifensieder, Gürtler, Nadler, Riemer, Wagner, Flaschner oder Perückenmacher. Nur ganz wenige Handwerksmeister waren wirtschaftlich so leistungsstark, daß sie mehrere Gesellen und Lehrjungen beschäftigen konnten; zumeist waren es Ein- oder Zwei-Personen-Betriebe, denn die meisten Gewerbe waren überbesetzt, klagten folglich über Arbeits- und Absatzmangel. Neben den überwiegenden Handwerkern, Gastwirten und Fuhrleuten, den Kaufleuten und Händlern, vereinzelten Geistlichen, Lehrern, Ärzten, Chirurgen, Apothekern, Advokaten, den zahlreicheren Handarbeitern und Tagelöhnern gab es noch zwei große Gruppen: die subalternen städtischen Verwaltungs- und Polizeibeamten, z. B. Nachtwächter, Polizeidiener, Ratsdiener, Kopisten usw., und die große Anzahl des sogenannten Hofgesindes, vom Marstall über die herzogliche Küche, die Kapelle und das Theater, die Gärtnerei bis hin zu den persönlichen Bediensteten. Militärangehörige, einige wenige Akademiker, Pensionsempfänger, schließlich sozial Hilfsbedürftige wie Unbehauste, Blessierte, Sieche usw. rundeten das Bild der Weimarer Bevölkerung ab.

Nur verschwindend wenige durften als vermögend gelten; Einkommen von mehr als 1000 Talern jährlich waren selbst bei Adligen selten und noch seltener bei Bürgern; mehr als die Hälfte der steuerpflichtigen Bevölkerung Weimars verdiente z. B. 1820 weniger als 100 Taler jährlich, wobei das damalige Existenzminimum etwa bei 60–100 Talern Jahreseinkommen angesetzt werden kann.[38]

Viehhaltung, Land- und Gartenwirtschaft gehörten für die Weimarer zur Existenzsicherung. Die nicht ausreichenden Einkommen zwangen viele Handwerker der Stadt zur Suche nach Nebeneinkünften: hausbesitzende Meister vermieteten einzelne Kammern oder ganze Logis, andere betrieben kleine Kramläden. Handwerksgesellen, die sich infolge einengender Zunftordnungen nur schwer als Meister etablieren konnten, waren zu jahrelanger Wanderschaft gezwungen, Lehrjungen zum Akzeptieren unbefriedigender Ausbildungsbedingungen. Oft blieben nur der bittere Gang zum Leihhaus, das streng reglementierte mühselige Ährenlesen nach der großen Ernte oder das Schuldenmachen bei Wechslern als die letzten Möglichkeiten, die tägliche eigene Existenz und die der Familie zu sichern. Die hohe Rate an Diebstählen, an Übertretungen der fürstlichen Jagd- und Fischereiprivilegien hat hier ihre sozialen Wurzeln. Hunderte von Bettlern wurden Jahr für Jahr aus der Stadt gewiesen. Wer auf diese Stufe absank, gehörte zum Auswurf der spätfeudalen Gesellschaft.

Adolf Stahr schrieb rückblickend über Weimar, das selbst im Vergleich mit dem kleinen Jena den Namen Stadt kaum verdiente: »Enge winklige Gassen, schmutzig und unsauber in jedem Betracht, die Häuser unabgeputzt, das Pflaster – noch jetzt ein Stein des Anstoßes für jeden an kultivierte Straßenbekleidung gewöhnten Fuß – damals selbst nach dem Urtheil Gleichzeitiger, von ›schrecklicher Beschaffenheit‹, die Straßen ohne alle Beleuchtung, nicht selten von brüllenden Haufen Jenaischer Studenten mit ihren Löwenmähnen auf elenden Kleppern durchtobt, verfallende Thore, wo jeder Aus- und Einpassirende Examinirt und angehalten wurde, – das ungefähr sind die Züge der äußern Physiognomie, welche die ›berühmte Residenzstadt‹ Weimar damals aufzeigte. Ein Beschreiber derselben ums Jahr 1800 führt es als eine besondere Verschönerung an, daß ›in den letzten Jahren die Häuser zumeist neu verputzt worden seien!‹ Von der Bauart der Mehrzahl dieser Häuser kann sich selbst eine lebhafte Phantasie kaum eine Vorstellung machen. Ich fand neulich in ein Paar Straßen, wo alte Häuser niedergerissen waren, die Brandmauern derselben bloßgelegt. Sie sahen aus, als hätten Biber sie gebaut. Steine, Holzlatten, gurtenartiges Flechtwerk mit Lehm bekleidet, bildeten abwechselnd, in verschiedenen Fächern, ein wüstes Gemenge. Es soll vorgekommen sein, daß noch neuerdings aus dem Lehm solcher Mauern die Körner der Strohspreu, mit welcher die Lehmmasse gemischt wird, als Getreidehalme lustig durch die Tapeten der Zimmer gewachsen sind. [–] Und welch ein Zopf herrschte in jener alten Zeit noch in den residenzstädtischen Anordnungen! Nicht nur die Fremden, auch die Einheimischen, wenn sie zu Wagen ein- und auspassirten, wurden an allen Thoren des Städtchens vom Thorschreiber angehalten, und Namen, Stand und Rang pünktlich Serenissimo gemeldet. . . . Sogar romantisch unsicher war es in den laternenlosen Gassen Weimar's, und Goethe berichtet einmal, daß er Nachts, beim Nachhausegehen von der Freundin durch ein Paar Strolche angefallen worden sei. Wenn Herder Sonntags predigte, wurden die vier Straßen, welche auf den Platz der Hauptkirche münden, durch vorgezogene Ketten gesperrt.«[39]

Häufig gab es Klagen über die ›Unbotmäßigkeit‹ von Dienstboten, die zahlreiche Verbote, Auflagen u. ä. nach sich zogen. In Goethes Briefen sind zwei solche Vorgänge überliefert, die schlaglichtartig die Zustände erhellen und andererseits ob ihrer Kuriosität mitteilenswert erscheinen. 1806 mußte sich der von einer Reise aus Karlsbad zurückkehrende Minister an die ›Fürstliche Polizey-Commission in Jena‹ wenden: »Mein Bedienter N. N. Gensler, welcher schon eine Zeitlang bey mir steht, auch noch auf eine Zeit gemiethet ist, hat zwar seine Schuldigkeit gegen mich zu meiner leidlichen Zufriedenheit beobachtet; dagegen aber von der ersten Zeit her sich gegen meine Familie und Hausgenossen äußerst rauh, störrisch, grob und auffahrend, sogar in meiner Gegenwart, betragen. Die ihm deshalb zugegangenen bedrohlichen Verweise haben nur augenblickliche Wirkungen hervorgebracht, im Ganzen aber nichts gefruchtet; weshalb ich manche Verdrießlichkeit erlitten und nur durch Gewohnheit und Hoffnung bewogen werden können, ihn beyzubehalten.« – Genslers boshaftes und tückisches Gebaren – so der Dienstherr Goethe – führte auf der Rückreise von Karlsbad sogar zu einer Schlägerei mit dem Kutscher, so daß in Jena die Polizeidiener bemüht werden mußten. Der Bedienstete wurde natürlich entlassen.[40]

Einige Jahre später, 1811, war es dann eine Köchin, über die sich Goethe, sicher auf Betreiben Christianes, die ein scharfes Hausregiment führte, mit einem ›gehorsamsten Promemoria‹ in steifledernem Amtsdeutsch beschweren zu müssen glaubte. Sie sei »eine der boshaftesten und incorrigibelsten Personen«, die ihm je vorgekommen, schrieb Goethe, so daß er ihr nur ein »freilich nicht sehr empfehlendes Zeugniß bey ihrem Abschiede« habe einhändigen können: »Charlotte Hoyer hat zwey Jahre in meinem Hause gedient. Für eine Köchinn kann sie gelten, und ist zu Zeiten folgsam, höflich, sogar einschmeichelnd. Allein durch die Ungleichheit ihres Betragens hat sie sich zuletzt ganz unerträglich gemacht. Gewöhnlich beliebt es ihr nur nach eignem Willen zu handeln und zu kochen; sie zeigt sich widerspenstig, zudringlich, grob, und sucht diejenigen die ihr zu befehlen haben, auf alle Weise zu ermüden. Unruhig und tückisch verhetzt sie ihre Mitdienenden und macht ihnen, wenn sie nicht mit ihr halten, das Leben sauer. Außer andern verwandten Untugenden hat sie noch die, daß sie an den Thüren horcht. Welches alles man, nach der erneuten Polizeyverordnung, hiermit ohne Rückhalt bezeugen wollen.«[41]

Derartige Aufsässigkeiten waren allerdings nicht die Regel, wenn in den Strafregistern auch verschiedentlich das »gröbliche Benehmen eines Gesellen gegen seinen Meister« als Delikt angezeigt wurde, desgleichen das »ungebührliche Benehmen einer Dienstmagd gegen ihre Dienstherrschaft«.

Deutliche Veränderungen in der weimarischen Arbeitswelt bewirkte 1791 die Gründung und Privilegierung des Landes-Industrie-Comptoirs von Friedrich Justin Bertuch und des seit 1804 parallelen ›Geographischen Instituts‹, die auf kapitalistischer Grundlage ein sehr breites Produktionsprogramm realisierten. Walter Bruford stellte zu Recht fest, »daß der Ruhm und Einfluß Weimars in der Außenwelt« durch Bertuchs »Betriebsamkeit sehr viel schneller zunahm, und daß die kleine Stadt ihren materiellen Wohlstand und ihre gesellschaftliche Stabilität großenteils den vielen verschiedenen Unternehmungen verdankte, die er dort Schritt für Schritt entwickelte.«[42]

Mehrere Zeitschriften, darunter ab 1786 das schnell sehr beliebte ›Journal des Luxus und der Moden‹, ein Bilderbuch für Kinder, die sogenannte ›blaue Bibliothek aller Nationen‹, Reisebeschreibungen, Landkartenstiche, wissenschaftliche Werke, praktische Magazine, Handbücher und andere Druckerzeugnisse wurden von Bertuchs Industrie-Comptoir herausgegeben und erforderten die Anstellung zahlreicher Spezialisten wie Zeichner, Drucker, Kupferstecher, Kolorierer, Bossierer. Daneben gab es auch Gewerbeproduktion, wurden Möbel, Zierrat, wissenschaftliche Geräte, Modelle und Apparate, sogar Öfen, Wasserwärmer und Chronometer hergestellt. Selbst Weimar-Souvenirs ließ der geschäftstüchtige Bertuch durch seine Mitarbeiter Martin Gottlob Klauer und Karl Gottlieb Weißer anfertigen, darunter Statuen, Vasen, Reliefs, Medaillons, Büsten, Radierungen und Stiche mit Motiven der klassischen Zeit. Nach Bertuchs Tod 1822 führte sein Schwiegersohn, der Arzt Ludwig Friedrich von Froriep, das Unternehmen allein weiter.[43]

Einen weiteren gravierenden Einschnitt in die Arbeitsverhältnisse der Stadt insgesamt brachten die Veränderungen in der Infrastruktur des Landes. Waren schon, mitveranlaßt durch Goethe und Coudray, in den zwanziger und dreißiger Jahren zahlreiche Arbeiter – Steinbrucharbeiter, Fuhrleute, Pflasterer usw. – mit dem Chausseebau beschäftigt worden, so wurden für den Bau der Thüringer Eisenbahn bis 1846 noch weit mehr Beschäftigte benötigt. Auch im äußeren Stadtbild manifestierte sich der aufkommende Kapitalismus bereits vor der Mitte des 19. Jahrhunderts. Straßenpflasterung und -beleuchtung wurden instand gesetzt bzw. modernisiert, die neue Bürgerschule konnte 1822 fertiggestellt werden, um 1830 wurden die vorher teilweise noch offen durch die Stadt fließenden Bäche ›Lotte‹ und ›Asbach‹ endgültig überwölbt, die Kanalisierung schritt voran, die Stadt dehnte sich weiter aus. Blickte man zu Lebzeiten Goethes am Ausgang der Rollgasse noch über das Asbachtal auf die jenseits ansteigenden Felder, so erhob sich dort seit 1846 das neue Bahnhofsgebäude, zu dem ein in den folgenden Jahrzehnten mit neuen, prächtigen Gebäuden versehener Straßenzug führte. Die Zeit der »beiden starken Volkländers«, der Portechaisen-Träger, um 1800 wegen ihrer sprichwörtlichen Grobheit stadtbekannt,[44] war abgelaufen; mit dem Bahnhof-Omnibus, einem Pendeldienst zwischen Stadt und Eisenbahn, legte man die Strecke für 2 ½ Silbergroschen 1847 viel schneller zurück.[45] Größere kapitalistische Unternehmungen vermochten sich in der Residenzstadt infolge eines großherzoglichen Vetos nicht anzusiedeln; auch Carl Zeiß mußte sich, obwohl Weimarer, mit seiner Anstalt in Jena niederlassen. Lediglich kleinere Betriebe – eine Spinnerei, eine Spielkarten-, eine Spritzenschlauch-, eine Gewehr-, eine Globus- und eine Handschuhfabrik – konnten bis 1847 in Weimar etabliert werden.[46]

Mann und Weib, Haus und Hof

Familienleben

Wenn einige Knaben, 14 bis 15 Jahr alt, Lust haben sich bey einer stillsitzenden Arbeit wöchentlich 1 bis 1¹/₂ thlr. nachdem sie fleißig sind, zu verdienen, die können sich bey mir melden. J. E. Wallbaum, Schriftgießer.
WWA, Nr. 30, 12. April 1805

Im Weimarer Kleinbürgertum, der größten Gruppe der städtischen Bevölkerung, blieb bis weit in die Mitte des 19. Jahrhunderts die traditionelle handwerklich organisierte Produktionsfamilie vorherrschend. Zur ›Familie‹ – im althergebrachten römischen Sinne – gehörte die ganze Hausgenossenschaft: der Meister, seine Frau, seine Kinder und, soweit vorhanden, die Gesellen, die Lehrlinge, das Dienstgesinde. Dem patriarchalischen Denken der Zeit entsprechend, war der Ehemann, der Hausvater, der Meister die im Hauswesen und im Familienleben dominierende Person. Den Ehen jener Zeit entsprossen oft zehn und mehr Kinder; sie waren eine ökonomische Investition in die Zukunft, die sich mit Beginn der Arbeitsfähigkeit, also ab einem Alter von etwa 7 Jahren, zu rentieren begann. Die hohen Kinderzahlen ergaben sich nicht nur aus der fast völligen Unkenntnis praktikabler Geburtenregelung, sie waren angesichts der demographischen Entwicklung in dieser Epoche eine unausweichliche Notwendigkeit. Die Kindersterblichkeit lag sehr hoch, und Weimar bildete da naturgemäß keine Ausnahme. Man rechnete damit, daß ein Drittel der Kinder bereits im ersten Lebensjahr starb und nur die Hälfte das siebte Lebensjahr erreichte; bis zum Eintritt ins Erwachsenenalter reduzierte sich diese Zahl wiederum auf etwa die Hälfte. Daraus erklärt sich die heute manchmal Verwunderung auslösende scheinbare Gleichgültigkeit von Eltern bei solchen Todesfällen; angesichts der hohen Wahrscheinlichkeit eines Verlustes war die Bindung vor allem zu Kleinkindern relativ schwach entwickelt.[47]

Soziale Not, besonders nach Mißernten, in Kriegszeiten oder nach Bränden, Todesfällen usw., erzwang die Mithilfe der Kinder und die Nutzung aller Möglichkeiten der Nahrungsbeschaffung. Der ›Hoffischer‹ sah sich z. B. 1805 zu folgendem Zeitungsinserat genötigt: »Es hat seit einiger Zeit das Angeln in der Ilm von hiesigen Personen stark zugenommen. Da ich diese Menschen nun schon oft gewarnet, es aber noch nicht unterblieben ist; so mache ich es mir zur Pflicht, öffentlich bekannt zu machen, daß ich es keinem Menschen, es sey auch wer es wolle, zu angeln erlaube, und von jetzt an jeden, der sich zu angeln unterstehet, gewiß gerichtlich anzeigen werde. Sollte einer aber gar zu große Lust, Fische ohne Geld zu essen, bekommen, so soll er sich des Angelns oder des Fischstehlens nicht deswillen bedienen, sondern er soll zu mir kommen, wo ich ihm ein Gericht Fische ohne Geld ablassen will.«[48]

Ein hartes Los hatten oft die Lehrjungen, da sie, einmal in die Lehre gegeben, den Launen der Meister uneingeschränkt preisgegeben waren.

Die Wohnkultur in den kleinen, oft nur ein- oder zweistöckigen Weimarer Bürgerhäusern, bei denen nur das Erdgeschoß aus Stein gemauert, das Obergeschoß in Fachwerk aufgeführt war, hatte ein relativ niedriges Niveau. Die oft sehr engen, winkligen und dunklen Räume waren nur zum Teil heizbar; die sanitären Verhältnisse ließen häufig zu wünschen übrig, eigene Brunnen waren sehr selten, so daß das Wasser von den öffentlichen Plätzen herbeigetragen werden mußte. Die Toiletten, die ›heimlichen Gemächer‹, befanden sich in der Regel außer Haus, über den Hof. Die Fußböden der Kleinbürgerhäuser bestanden aus ungestrichenen Tannendielen, die Wände waren getüncht, im besten Falle mit einer Tapete oder mit Papier, Leder, Wachstuch beklebt. Charlotte Krackow wußte zu berichten, daß Tapeten in Weimar selten waren, es dominierten gelbe, graue oder weiße Kalkanstriche. Vor den Fenstern hingen Vorhänge von weißem Mull.[49] Leinen und Kleidung wurden in einfachen Truhen aufbewahrt. Die Möbel waren meist bäuerlich-robust, desgleichen die breiten Betten, die Tische und Sitzmöbel. Spiegel, Raumschmuck wie Leuchter und Bilder oder gar Porzellan und Fayencen waren in Bürgerhäusern, z. B. denen der ärmlichen Jakobsvorstadt, kaum zu finden. Bei Gebrauchsgeschirr dominierte einfaches grobirdenes oder hölzernes; Gegenstände aus Zinn und Glas waren schon Wertstücke. Die Beleuchtung war sparsam; Kerzen aus Talg (Unschlitt) oder Wachs, Ölfunzeln, Kienholz oder Laternen dienten als nächtliche Lichtquellen und wurden nicht selten die Ausgangspunkte sich schnell ausbreitender Brände, einer Gefahr, zu der die Schindeldächer wesentlich beitrugen.[50]

Zahlreiche Scheunen standen zwischen den Wohnhäusern. Erst 1771 verfügte Anna Amalia den Abriß aller dieser Gebäude innerhalb der Stadtgrenzen, nachdem bereits zwanzig Jahre zuvor mit der teilweisen Niederlegung der mittelalterlichen Befestigungswerke begonnen worden war.

Der Schauspieler Eduard Genast, der mit seinen Eltern in der Jakobsvorstadt ein kleines Häuschen bewohnt hatte, vermochte sich gut an das häusliche Milieu seiner Kinderzeit zu erinnern: »Man nannte uns nur die ›Sperlingsbrut‹, weil ich und einige Spielgefährten, die wir alle auf dem sogenannten Sperlingsberg wohnten, uns durch die größte Wildheit auszeichneten. Wir hatten ein Häuschen, was am Abhang dieses Berges lag und dessen Räume in jeder Beziehung niedlich waren. Die Belletage bestand aus einer Stube und Kammer; eben so viel Piecen enthielt auch das Parterre nebst einer Küche; ein kleiner Hof mit Federvieh, Holz- und anderm Stall, worin sich die unvermeidliche Ziege befand, die jede weimarische Bürgerin haben mußte, wollte sie für eine wirtschaftliche Hausfrau gelten. Für Futter brauchte nicht gesorgt zu werden, denn in diesem netten Stadtviertel wuchs Gras genug auf den Straßen. Die Krone aber von diesem kleinen Rittergut war ein Garten, der wenigstens 20 Schritte im Quadrat hatte und in dem sich außer einigen Gemüsebeeten ein Apfel-, ein Birn-, ein Kirsch- und zwei Pflaumenbäume befanden. Lange bevor das Obst reif wurde, bewies ich meine Fertigkeit im Klettern, dann erscholl wohl aus dem Hinterfenster einer Nachbarin: ›Verfluchter Junge, willst de gleich vom Bome! se sinn ja noch nich reif!‹«[51]

Für einen gutbürgerlichen Haushalt war ein wesentlich höherer Aufwand vonnöten. Karoline Herder veranschlagte 1807 die Kosten für ein renommiertes Etablissement in Weimar mit rund 2000 Talern jährlich. Dazu zählten ein Logis von 6 Zimmern, Heizungsgeld, Verpflegung unter Zuhilfenahme der herzoglichen Küche, Lichtgeld, Kleidergeld, Wäschekosten, Zeitungsgeld, Trinkgelder, Bedientenlohn und Bedientenunterhalt für 2 Personen.[52]

Noch sehr lange wurden Klagen über die miserablen Wohnbedingungen in Weimar laut. Hoffmann von Fallersleben beschrieb seine kurzzeitige Behausung im Jahre 1842 wie folgt: »Unsere Wohnung auf ebener Erde in einer engen Gasse war trübe, feucht und kalt, das Haus gegenüber versperrte jede Aussicht, nur wenn die Sonne hoch stand, drang ein Sonnenstrahl zu uns. Für eine Familienwohnung war sie nicht ursprünglich eingerichtet und durch ihre 15 Thüren wurde sie nicht eben wohnlicher und bequemer. So lange es Sommer war, spürten wir weniger das Unangenehme und Unbequeme, an sonnigen Tagen waren wir viel im Garten oder auf Spaziergängen in der Umgegend und die Abende oft in Gesellschaft. . . . Als nun die Vorboten des Winters, Kälte, Stürme und Regenschauer sich einstellten, da fühlten wir die Nothwendigkeit, unsere Wohnung aufzugeben . . .«[53]

Unter diesen Umständen ist es verständlich, daß sich finanziell Bessergestellte einen Garten oder zumindest ein Krautland anschafften, was den Aufenthalt im Freien ermöglichte und gleichzeitig zur Versorgung der Küche beitrug. Aus Wielands Brief an Friedrich Heinrich Jacobi vom 10. Mai 1776, in dem über eine solche Anschaffung berichtet wird, klingt die helle Freude heraus, dem dumpfen Stadtinnern entweichen zu können: »Lieber Bruder, habe ich Dir schon gesagt, daß Göthe und ich, zu gleicher Zeit, jeder einen Garten vor der Stadt gekauft haben, und in Kraft dessen förmlich und feierlich Bürger von Weimar geworden sind? Seitdem hat meine ganze Existenz eine andere Wendung bekommen. Diese sechs Wochen her habe ich eine Menge mit allen den Veränderungen zu thun gehabt, die ich in meiner neuen Domaine machen lassen mußte, um Freude daran haben zu können. Du mußt Dir nichts Vornehmes, noch Kostbares vorstellen; bilde Dir ein, daß es ungefähr so ein Garten ist, wie das kleine Gut, das Plinius dem Sueton kaufen will, ein Landgut war, d. i. gerade so, wie ihn ein Müßiggänger meiner Art vonnöthen hat; Bäume genug, um Schatten zu haben, und groß genug, daß meine Mädchen sich müde drin laufen können. Seitdem die Kirschbäume zu blühen angefangen haben, bin ich nun den ganzen lieben Tag draußen, und habe es schon so weit gebracht, daß mir in meinen vier Mauern in der Stadt nirgends wohl ist, bis ich meinen Stab in der Hand habe, um hinauszugehen, und im Freien, im Grünen, unter meinen Bäumen, im Angesicht meiner eigenen kleinen Pflanzungen, zu leben und zu wallen, und den unendlichen Erdgeist einzuziehen, mit dem ich je länger je mehr Sympathie und Verwandtschaft fühle.«[54]

Wielands Kinder konnten sich im eigenen Garten austoben, die der Ärmeren konnten dies nicht, so daß die nähere Umgebung Weimars, aber auch die winkligen Gassen der Stadt das Spielfeld der zahlreichen Weimarer Kinderschar bilden mußten. Häufig genug schritt kleinlich die Obrigkeit ein, wie folgende ›Bekanntmachung‹ im Wochenblatt von 1805 verdeutlicht: »Das ungezogene und ausgelassene Betragen der hiesigen Jugend auf den Straßen und öffentlichen Plätzen wird alle Tage ärger, ohnerachtet schon die ernstlichsten Verordnungen, vorzüglich im Jahr 1799 deshalb erlassen sind. Es gehört dahin, daß 1. wenn in dem Gymnasio und andern Schulen die Stunden geschlossen werden, die Jugend auf das unanständigste sich beträgt; 2. daß auf öffentlichen Plätzen überhaupt besonders aber auf dem Töpfenmarkt, vor dem Zeughaus, und in der Gegend beym Bornberg, von Knaben und Mädchen, wo auch Kinder solcher Eltern sich mit einfinden, denen man eine bessere Aufsicht und Erziehung derselben zutrauen sollte, ein solcher Unfug mit Ballspielen, Anschlagen, Werfen und Schreien, getrieben wird, daß jeder gesittete Mensch ein Aergerniß daran nehmen muß, und daß wenn Wagen vorbeifahren oder Pferde über die Straßen geführt oder geritten werden, die Kinder auf eine tollkühne Weise querüber laufen, sich anhängen, nachschreien, und so, theils sich selbst, theils die Fahrenden und Reitenden der größten Gefahr aussetzen. Da man nun dergleichen Ungebührnissen fernerhin nicht mehr nachsehen kann, vielmehr die Verfügung getroffen hat, daß die in dergleichen Unfug begriffen werdende Jugend, welche ihre Spiele außerhalb der Stadt vorzunehmen Raum und Gelegenheit hat, von den Fürstl. Polizey- und hiesigen Gerichtsdienern eingefangen und in das hiesige Stadtgefängnis abgeliefert; die Eltern aber in solchen Fällen noch besonders zur Verantwortung und Strafe gezogen werden sollen. So wird dieses andurch zur Warnung und Nachachtung öffentlich bekannt gemacht.«[55]

Goethe führte 1817 Klage in einer solchen Angelegenheit: »In der Ackerwand steht eine Reihe Castanienbäume; sobald nun die Früchte einigermaßen zu reifen anfangen, werfen die Knaben mit Steinen darnach, ohne sich im mindsten um die Vorübergehenden zu bekümmern.

Ferner wird man nicht nur auf gedachter Straße, sondern auch in den Gärten belästigt; nach Obstbäumen die an der Mauer her stehen werfen unbändige Knaben, bey noch völlig unreifen Früchten, Steine ja Knittel, und der Besitzer, in Gefahr auf eignem Grund und Boden verletzt zu werden, sieht sich in der Hoffnung getäuscht seine Früchte zu genießen.

Ja was ganz seltsam scheinen muß, dasselbe geschieht mitten im Winter an unbelaubten Bäumen, auf denen nicht etwa ein Nest oder sonst etwas zu bemerken ist, welches Aufmerksamkeit oder Begierde erregen könnte. Wie denn der Gensd'armes Lenger, dem ich die bis in die Mitte meines Gartens geflogene Steine vorgewiesen habe, bezeugen kann.

... Wobey ich zugleich bewähren kann, daß es eine öffentliche Sache sey: denn indem ich, aus meiner Gartenthüre heraustretend, dergleichen frevelnde Knaben zur Zucht verwies, stimmten mehrere von ihren Krautländern zurückkehrende Menschen in meine Rede mit ein, versichrend: daß sie auf diesem so gangbaren und unvermeidlichen Wege durch solchen beschwerlichen Unfug getroffen und verletzt zu werden öfters in Gefahr geriethen.«[56]

Eine solche offizielle Beschwerde spricht nicht gegen den kinderliebenden Charakter des Dichters am Frauenplan. Schon in seinen ersten Weimarer Jahren hatte sich ›der Doktor‹ die Liebe der Kinderwelt erworben, indem er mit den Heranwachsenden herumsprang und sogar neue Spiele erfand. Vor dem Haus Charlotte von Steins, erinnerte sich Karl von Lyncker, hatte Goethe ein Seil aufspannen lassen, worauf balanciert, später sogar getanzt wurde.[57] Bekannt und beliebt bei den dazu eingeladenen Kindern war das Haseneiersuchen, das Goethe nach 1811 und wahrscheinlich bis 1825 im Frühjahr nahe dem Eingang zum Park, an der sogenannten Schnecke, veranstaltete. Karoline Ahlmer, Gesellschafterin Christiane Goethes, erinnerte sich: »Die in allen Farben prangenden Eier waren an zwei Orten in den Hecken verteilt, niedriger für die kleinen, höher für die größeren Kinder. Das Nest mit dem die Eier legenden Hasen, hier aus Zuckerteig geformt, fehlte nie. Wie jubelte der oder die, welche es fanden! Pyramidenartige Erhöhungen der geschnittenen Hecken waren mit Bratwürsten und ähnlichen eßbaren Dingen behangen. Danach sprangen die größeren Knaben, die sich bei dem Wettlauf die Gänge der Schnecke herab, später mit den übrigen munter erwiesen. Nach geendigtem Eiersuchen wurden die Kinder mit Backwerk, Mandelmilch, Himbeersaft und ähnlichen erfrischenden Getränken bewirtet. Spiele jeder Art wurden auf der nahen Wiese und im engeren Bereich des Schnekkenbezirks getrieben. Erst mit einbrechender Nacht zog die frohe Schar heim, im voraus sich auf die Wiederholung im nächsten Frühling freuend.«[58] Julius Schwabe, der gleichfalls aus eigenem Erleben berichten konnte, überlieferte eine Episode aus dem Winter des Jahres 1825, die deutlich zeigt, wie Goethe an den Freuden und Leiden der Kinder teilhatte und wie er sie in Schutz nahm, wenn allzu diensteifrige Polizeidiener ihnen ihre Fröhlichkeit unnötig verkümmern wollten: »An einem Winternachmittage stand Goethe am Fenster und schaute zu, wie mehrere Knaben sich auf dem vor seinem Hause befindlichen freien Platze mit ihren Handschlitten herumtummelten. Da stand plötzlich der von der weimarischen Jugend gefürchtete Gensdarm Sprung mitten unter ihnen, gebot ein donnerndes Halt, nahm den Knaben ihre vier Schlitten ab und transportierte dieselben nach der Polizei. In der nächsten Viertelstunde erschien Goethes Diener daselbst mit einem Billett, welches die Bitte enthielt, die konfiszierten Schlitten wieder frei zu geben. Natürlich wurde diesem Wunsche des Herrn Ministers sofort Folge geleistet.«[59] Bei Goethe gründete sich solcherart Schutz der Kinder vor der Willkür der Polizei nicht allein auf Kinderliebe; es ging ihm im weiteren Sinne um die Kreativität der heranwachsenden Persönlichkeit: »Es darf kein Bube mit der Peitsche knallen oder singen oder rufen, sogleich ist die Polizei da, es ihm zu verbieten. Es geht bei uns alles dahin, die liebe Jugend frühzeitig zahm zu machen und alle Natur, alle Originalität und alle Wildheit auszutreiben, so daß am Ende nichts übrigbleibt als der Philister.«[60]

Besonders die Umgebung der Stadt, die in östlicher und westlicher Richtung ›abenteuerliches‹ Gelände bot, war ein Tummelplatz der Kinder, die schon früh von der Theaterbesessenheit des Kleinbürgertums angeregt wurden und auf diesem Boden ihre Phantasie ins Kraut schießen lassen konnten. Karl Sondershausen erinnert sich an die Jahrhundertwende: »Mauern, Türme, Teiche und Wüsteneien umgaben die Stadt, der sogenannte Stern war noch der finstere, schauerliche, mit Rothhäusers Garten verrufenste Teil des jetzigen Parks. [–] In einem der beiden Türme, mit steinernen, steilen Wendeltreppen, dicht am Schilfteiche, öden Scheunen gegenüber, wo jetzt der wohnliche Carlsplatz grünt und blüht, wohnte die Bertha der Saalnixe, so recht im Element ihrer Rolle. Wir Knaben spielten mit den Topfscherben am Grabenteiche oder auf dem Eise, wenn die schlanke Braut des Grafen von Berka mit ihrer blaupapiernen Rolle aus der Probe dort vorbei kam.«[61]

Nach Goethes Tod, in den dreißiger Jahren, wurde Johann Peter Eckermann ob seiner Kinderliebe geradezu eine Symbolfigur. Früh verwitwet, wegen seiner vielen Tiere im Haus als Sonderling verschrien, war er der erklärte Liebling der Weimarer Kinderwelt. William Marshall, kindlicher Teilnehmer der Eckermannschen Exkursionen, widmete ihm Zeilen dankbarster Erinnerung, die das menschliche Wesen und den Charakter des Goethefreundes treffend schildern:

»Es war eben eine liebenswürdige, selbstlose, kindlich-naive Seele, und mein Vater behauptete von ihm, er habe nie gelogen, und der hat ihn gekannt, wie wenige. Nur wo Eckermann Falschheit und Niedertracht witterte, konnte er ungehalten, ja zornig werden; nichts verachtete er mehr als Schleicher, Klätscher und Zwischenträger, an denen ja auch im lieben Weimar, so wenig wie sonstwo in der Welt, Mangel war, ist und sein wird. Besonders scharf trat bei ihm, dem Autodidakten, auch die Abneigung gegen dünkelhafte Arroganz und eingebildete Schulmeisterei hervor. Es ist nur natürlich, wenn ein solcher Charakter eine starke Zuneigung zur Jugend hat, und das war bei Eckermann in hohem Grade der Fall; er hatte immer ein ganzes Corps von Jungen um sich herum; Hofratssöhne und ›Sperlingsberger‹, wie die etwas urwüchsigen Sprößlinge der Jacobsvorstadt damals hießen, bildeten die gemischte Jugendgesellschaft seines Sohnes Karl, unsers trefflichen Landschaftsmalers in Hannover. Mit uns machte er Spaziergänge, weniger in die zivilisierten Teile des Parks oder in die Belvedere-Allee, sondern in den Wilden Graben, aufs Gehedrich, aufs Horn, hinter die Wallendörfer Mühle, und wie die lieben Fleckchen alle hießen, und die jetzt, dank der leidigen Separation, nicht mehr der Schatten sind von dem, was sie damals waren, damals, als an Stelle der Junker- und Henßstraße noch Krautfelder standen mit herrlichen Rainen dazwischen und dicht verwachsenen Zäunen, in die während der Zugzeit die Blaukehlchen einfielen und rasteten, damals, als an Stelle des Seminars hohe Eschen in einem prächtigen, verwilderten Garten standen, in welchem die lustige Drossel pfiff.

So war jenes Terrain beschaffen, das wir mit dem alten Herrn durchstreiften, ihm bald ein Tier, bald eine Pflanze oder Versteinerung brachten, bald ihm ein Vogelnest zeigten und seiner Belehrung uns erfreuten.«[62]

Aus solchen Erinnerungen verklärte sich bei vielen Zeitgenossen das Bild des ›klassischen‹ und ›nachklassischen‹ Weimars, aber es schrieb natürlich auch das selbstverständliche Heimatgefühl mit, wenn Karl Sondershausen, ein Pagenhofmeister am Weimarer Fürstensitz, dichtete:

Italiens Paradiese
Die hast du freilich nicht,
Lieb' Weimar! doch viel Schatten
Ist immer, wo viel Licht.
So wie Du bist, gefällst Du,
Du treues treulich mir,
Wie an dem Liebchen häng' ich,
Mein Vaterland, an Dir![63]

Eckermann selbst überlieferte in seinem Tagebuch, in dem er den Besuch in einem ärmlichen Wohnhaus der Jakobsvorstadt festhielt, ein schönes

Beispiel humaner Einstellung und bieder-einfacher Lebensweise einer Weimarer Kleinbürgerfamilie:

»Morgens um ein Vogelbauer zu kaufen gehe ich in den Theil der Stadt der am Jacobsthore dem Ettersberge zuliegt. Man weiset mich in ein kleines Haus armer Leute wo ich die Treppe hinaufgehe und wo mir ein Knabe von sehr schöner Bildung entgegen kommt. Manche Vogelbauer hingen außen umher, er rief seine Mutter, allein sie wußte den Preis nicht. ›Ich will gehen, sagte der Knabe, und den Vater rufen der nahe bey ist.‹ Und so eilte er die Treppe hinunter. Ich trat mit der Mutter in die Stube wo es ärmlich aber reinlich aussah und wo noch einige Vogelbauer an den Wänden hingen. ›Mein Mann, sagte die Frau, hat früher das Weberhandwerk getrieben, jetzt ist er alt und da beschäftiget er sich den Winter Vogelbauer zu machen auch Uhren zu repariren und sich ein weniges zu verdienen wie es gehen will.‹ Mir lag der Knabe im Sinne, dessen freundliches zuvorkommendes Wesen mir gefallen hatte, und dessen schöne Gesichtsbildung und Form und Ausdruck der Augen mir zu schaffen machte. Ich lobte den Knaben gegen die Frau. ›Wir haben ihn, sagte sie, an dem Tage da er geboren wurde zu uns genommen und ihn an Kindesstatt aufgezogen. Seine Mutter starb an demselbigen Tage, sein Vater ging in die Welt, wir hatten keine Kinder, der Kleine war verlassen und so hat es sich gut zusammen gefügt. Er ist gut gerathen, wir haben an ihm unsere Freude und auch schon einige Hülfe und wir könnten nun, wir zwey alten Leute, nicht ohne ihn leben.‹ Sie erzählte ferner daß der Frauenverein etwas für ihn bezahle und besonders Frau v. Goethe sich für den Knaben interessire.

Indessen kam er mit seinem Pflegevater zurück der sich als ein gesunder heiterer Alter darstellte. Ich erhandelte mir nun ein Vogelbauer während der Knabe an seinem Tischchen seitwärts sein in festen Mehlklößen bestehendes Mittagsbrod verzehrte, und auf manche meiner Fragen munter mit drein sprach und geschickt und entschieden antworte-te.«[64]

Das Bewußtsein, sich in einem Zentrum deutschen Geisteslebens zu befinden, prägte in den ersten Jahrzehnten des 19. Jahrhunderts deutlich die Wesensart des kleinbürgerlichen Weimars. Im Jahre 1829 urteilte ein Ausländer über die Weimarer Stadtbevölkerung, deren Daseinsweise doch der dörflichen so ähnlich war: »Weimar vedient in der That den Namen eines deutschen Athen, wie es insgemein bezeichnet wird; und das ist nicht wegen der Stattlichkeit oder Lebhaftigkeit der Stadt, (denn es ist ein bescheidenes und stilles Städtchen), sondern wegen der geistigen, oder besser gesagt, der ästhetisch-poetischen Bildung seiner Bewohner und namentlich des schönen Geschlechtes. Und das ist ganz natürlich. Schon seit einem halben Jahrhundert ist es ausschließlich als das Centrum der Poesie und die Heimat ihre Hauptmeister berühmt, und nur auf diesen Titel hin zog und zieht es noch eine Menge Pilger und Gäste aus der Nähe und Ferne an. Das schöne Geschlecht hat aber überall das Recht und die Pflicht, die Honneurs des Hauses zu machen. Wie sonderbar wäre es nun, wenn die freundlichen Hausfrauen Weimar's das selber nicht kennten und nicht zu schätzen wüßten, dem man aus der Ferne huldigen kömmt. Darum bildet die Bekanntschaft mit den Hauptwerken ihrer Meister die Hauptpartie in der Erziehung der Weimarer Fräuleins, und der Einfluß derselben, seit der frühesten Jugend, auf ihre angeborne Sentimentalität und Sensibilität treibt diese und entwickelt sie zur Blüte des poetischen Fühlens.«[65]

Bei aller Poesie und Schöngeistigkeit aber war man auch hier auf die kontinuierliche Versorgung mit Lebensmitteln und Gebrauchsgütern angewiesen. Fische, Butter, Wein, Spezialitäten sowieso ließ man traditionell über Bekannte und Freunde nach Weimar kommen, z. T. über größere Entfernungen, weil die Weimarer Händler oft keine guten Waren feilboten. So nutzte z. B. Wieland seine literarischen Beziehungen nach Halberstadt und bestellte bei Gleims Frau Flachs, der über Mittelsmänner nach Weimar gebracht werden sollte: »Liebes Seelenschwesterchen, da ich die Ehre habe bey den Frauens in meinem Hause als Secretair in Diensten zu stehen, so habe ordre Euer Liebden, nebst unserm allerseitigen Gruß und respective Liebeskuß, deh- und wehmütig vorzutragen: welchergestalten meine hochgedachtenden gebietenden Frauen sich zur Zeit in so großem Flachs Mangel befinden, daß sie ihren hochadelichen Spinnerinnen keine Arbeit mehr geben können, dadurch aber nicht allein Gefahr lauffen, solche gar zu verliehren, sondern auch in ihrem löblichen Hausfabrikwesen merklich zurückgesetzt zu werden. Da nun also die Noth erheischt, diesem Übel schleunig abzuhelfen: als ergeht an Eu. Lbden meiner Frauen Principalinnen gehorsam auch unterdienstliches und freundnachbarliches Ansuchen und Bitten, daß dieselben geruhen möchten, den für unser Haus hochgeneigt eingekauften bewußten Flachs baldmöglichst über Nordhausen an die Frau Vice-Canzlerin von Bechtolsheim sage Bechtolsheim in Eisenach zu spediren, als durch welche Freundin der Ballen sodann richtig an uns befördert werden wird. Denn von Nordhausen aus gehen (wie man uns berichtet hat) immer Fuhrleute nach Eisenach. Bitten aber gar dienstlich und fleißig, daß Euer Edeln so geneigt seyn, und diese Spedition fein bald besorgen mögen; damit der Flachs längstens binnen 3 oder 4 Wochen a dato zu Eisenach anlange; sintemalen solcher alsdann von dort aus ohne diesseitige Kosten mit dem Küchenwagen des Herzogs unseres gnädigsten Herrn (Dessen hochfürstl. Durchlaucht sich dato in Eisenach befinden) anhero transportiret werden könnte.«[66]

Ein großes Problem stellte die Gründung einer Familie dar. Häufig waren die ökonomischen Möglichkeiten so begrenzt, daß eine Verbindung unmöglich wurde. Die Wirtschaftsehe war die Regel, Liebesehen wurden dagegen höchst selten geschlossen. Zwei Beispiele, die durch viele andere ergänzt werden könnten, mögen diese zeitgenössische Selbstverständlichkeit belegen. Corona Schröter, die Schauspielerin und Freundin Goethes, schrieb in einem Brief über die beabsichtigte Verbindung des Theaterökonomen Franz Kirms in Weimar: ». . . der Rath Kirmis, ist so ein blasser steifer Mensch, heirathet ein Mädchen, die kürzlich hier her gekommen um als Gouvernante in Dienste zu gehen. Sie ist bei Dresden her. Ihre Mutter war sehr reich durch den Tod ihres ersten Mannes geworden, heirathete zum zweitenmale einen Edelmann, der sie des Vermögens wegen nahm, und es ihr durchbrachte. Nun sollte ihre Tochter dienen, und hat hier das Glück, diesen liebenswürdigen Hagestolzen zu erobern. Hätte sie doch lieber Hunde geführt bis Bauzen! Ich beklage den armen Tropf von Herzen! Denn so einen eigensinnigen steifen abgeschmackten Narren giebt es nicht leicht mehr als dieser Mensch ist. Sie soll ein sehr gutes Geschöpf sein, aber hübsch ist sie nicht.«[67]

Genau das Gegenteil einer Verbindung aus ökonomischen Gründen praktizierte Eckermann. Nach langen Jahren des Wartens auf die geliebte Frau glaubte der in ständiger Existenznot lebende Sekretär Goethes die sozialen Grundlagen einer Eheschließung in der Residenz geschaffen zu haben. Der Genfer Prinzenerzieher Soret urteilte darüber im November 1831: »Seit gestern ist Eckermann mit seiner Ehehälfte wieder hier . . . der arme Teufel hat zahllose Widerstände zu überwinden gehabt; seine Unentschlossenheit und andere Umstände drohten mehrmals das Schifflein zum Scheitern zu bringen. Nun ist er im Hafen, aber ich fürchte, daß ihm noch viele Prüfungen bevorstehen; wie soll er leben und seinen Haushalt führen mit so geringen Einnahmen, wie er sie hat? Das Notwendigste fehlt ihm, er hatte vor seiner Abreise nichts vorbereitet, und ich traf ihn eben, wie er durch die Stadt lief, um Teller aus Steingut, Messer und Gabeln zu kaufen. Ich hoffe immer, daß Ihre Kaiserl. Hoheit noch ein übriges tun wird zu dem, was sie schon gegeben hat; denn der große Mann greift nicht gern in den Beutel, und die Ehre, in seiner nächsten Nähe zu leben, muß die Taler ersetzen; man nennt das: donner de la fumée pour la roti [nur am Braten riechen lassen – J.K.] . . .«[68]

Brot und Not, Rezepte und Regeln

Ernährung

Was zu verkaufen. Beym Italiener, Herrn Ortelli, ist frischer Bischoff, zu 16 gr. – frische bittere Pommeranzen, das Stück zu 1 gr. 4 pf., und hamburger geräuchertes Rindfleisch, das Pfund um 5 gr. zu haben.

WWA, Nr. 1, 3. Januar 1789

Im Laufe von mehreren Jahrhunderten setzte sich seit 1500, von der Entwicklung in England und Frankreich stark beschleunigt, in Europa eine gravierende Umwälzung der Ernährungsgewohnheiten durch, die alle Bevölkerungsschichten erfaßte. Beim Adel, dann auch beim vermögenden Bürgertum dominierte die französische Küche, was erst Modeerscheinung war, dann Bedürfnis wurde. Nicht mehr das derbe und umfangreiche Essen, sondern das Raffinement, das Verfeinerte, das Ausgeklügelte und neuartig Schmeckende wurde bevorzugt. Gleichzeitig wandelten sich die Eßsitten dieser Kreise: Messer, Gabel und Löffel sowie eigenes Geschirr in großer Vielfalt – Steingut und Zinn im Mittelstand, das teurere Silber, Porzellan und Glas beim Adel – kamen in Gebrauch, während man zuvor noch überwiegend mit den bloßen Fingern, oft aus einer gemeinsamen irdenen Schüssel gegessen hatte.

Die aus den Kolonien auf den europäischen Markt strömenden exotischen Genuß- und Nahrungsmittel prägten auch der Ernährung den Stempel des Luxus, des Überflusses auf: Reis und Zucker, Spezereien und Pflanzenöle, südländisches Gemüse und Obst erschienen auf den prächtig ausstaffierten Rokokotischen des Adels und des wohlsituierten Bürgertums. Neuartige Getränke fanden in dieser Zeit immer weitere Verbreitung und wurden z.T. schließlich sogar bei der ärmeren Bevölkerung der Städte und des platten Landes populär. Eines davon, der Schaumwein, mit der Erfindung des Korkpfropfens in Schwang gekommen, blieb freilich aus Preisgründen auf den Kreis der Vermögenden beschränkt. Anders war es dagegen mit Tee oder der beliebten ›Chocolade‹; um 1650 aus der Türkei gekommen, gelangten sie über Holland, England, Frankreich auch nach Deutschland und erfreuten sich selbst bei Bürgern bald großer Beliebtheit. Kakao setzte sich in Europa allerdings nur in Verbindung mit Zucker durch. Schwarzer Tee wurde das beliebteste Getränk schöngeistiger Gesellschaften. In Samuel Richardsons vielgelesenem Roman ›Grandison‹ wurde so oft Tee getrunken, daß es selbst die zeitgenössische Kritik als übertrieben anmerkte.[69] Zum Volksgetränk aber entwickelte sich im Verlaufe des 18. Jahrhunderts auch in Deutschland der Kaffee, der – ob nun aus reinen gebrannten Kaffeebohnen hergestellt oder mit Stoffen wie Zichorie, geröstetem Getreide oder Rüben versetzt – sogar die Speisegewohnheiten veränderte.

Bei der Ernährung des einfachen Volkes hatten sich gleichfalls Veränderungen vollzogen oder waren im Gange. Seit Jahrhunderten waren in Deutschland Hafer und Gerste in Form von Grütze oder Graupen bzw. Hirse die Grundnahrungsmittel. Der Brei, meist mit Wasser, seltener mit Milch gekocht, bildete die Hauptnahrung, wozu das aus Roggen gebackene Brot als zweite Säule der Ernährung kam. Klöße aus Mehl sowie Mus, Rüben, Kohl und Quark waren verbreitet, aber die häufigste Speisereihe war Suppe – Brei – Brot. Der Verbrauch von Fleisch war von ca. 100 kg pro Kopf und Jahr im 16. Jahrhundert auf etwa 14 kg pro Kopf und Jahr bis zur Wende vom 18. zum 19. Jahrhundert zurückgegangen, dafür aber der Brotverbrauch sehr stark angestiegen. An Getränken standen dem ›gemeinen Mann‹ Wasser, Molken, Buttermilch, Kofent, Bier und Branntwein zur Verfügung; Wein kostete im 18./19. Jahrhundert wesentlich mehr als die anderen alkoholischen Getränke. Das Essen war nach heutigem Empfinden gleichförmig und wenig variabel; es war einfach, voluminös, derb, aber eine gut verdauliche und – wenn mengenmäßig ausreichend – eine gesunde Kost.

Die vorherrschend pflanzliche Nahrung bewirkte bei Katastrophen oder Mißernten extreme Verschlechterungen der Ernährungssituation. Durchschnittlich jedes vierte Jahr war ein Hungerjahr; die Jahre 1770–72 brachten eine Hungerkatastrophe in ganz Deutschland. Verteuerung der Lebensmittel, Massenverelendung, steiler Anstieg von Kriminalität und Sterblichkeit waren die Begleiterscheinungen dieser Ernährungssituation.

Die Einführung der Kartoffel, die sich relativ leicht anbauen ließ, veränderte das jahrhundertealte Ernährungsschema. In Deutschland wurde die breite Annahme der ›Erdäpfel‹ dadurch gefördert, daß sie alten Zubereitungsarten – Brei und Mus – gut angepaßt werden konnten. Für die Verbreitung sorgten die Bauern selbst, lediglich in Preußen wurde unter Friedrich II. der Prozeß per Dekret beschleunigt. In den weimarischen Landen begann sich die Kartoffel von der Mitte des 18. Jahrhunderts an auszubreiten; es gab aber noch über Jahrzehnte Unsicherheiten in der Verwendung und Aufbewahrung des neuen Nahrungsmittels.[70]

Über die Problematik der Ernährung und Verpflegung für die Bürger Weimars und den täglichen Speisezettel mögen einige Beispiele aus den unterschiedlichsten Bevölkerungskreisen der Residenz Auskunft geben. Die Kartoffel war um 1800 bereits allgemein bekannt, hielt sich aber mit dem Brot als Hauptnahrungsmittel vermutlich noch die Waage. Da es offenbar im Umgang mit der neuen Feldfrucht in der Bevölkerung Unklarheiten gab, wurden über die ›Weimarischen Wöchentlichen Anzeigen‹ Ratschläge erteilt: »Oeconomische Nachricht. Wie die Kartoffeln entweder ganz in ihren Schalen zu erhalten, oder zu Mehl zu machen sind um sie auch im Sommer zur Nahrung haben zu können: Man senke die Kartoffeln in einem Netze in einen Kessel mit siedendem Wasser nur einige Secunden lang ein, und hebe sie sodann an einem luftigen Orte auf, so werden sie nicht keimen, und den ganzen Sommer durch zu jeder Speise brauchbar sein. – 2) Man schälet die rohen Kartoffeln, schneidet sie zu kleinen Würfeln, macht sie recht dürre und mahlt sie alsdann; dadurch erhält man ein sehr schönes Mehl, welches sich lange Zeit aufbewahren läßt, und nicht allein zu Brod, sondern auch zum Kochen gebraucht werden kann. Wer kein Fruchtmehl hat, kann auch von diesem Mehl allein recht schönes Brod backen. Der Teig von Kartoffelmehl wird eben so wie der von Fruchtmehl angemacht, nur daß das Wasser etwas mehr warm seyn und mehr Sauerteig genommen werden muß und daß es länger säuern und der Ofen heißer seyn muß. Uebrigens muß man sich in Acht nehmen, wenn man die Kartoffeln am Feuer dörrt, daß sie nicht braun gebrannt oder beschmutzt werden, sonst verliert das Mehl Farbe und Geschmack.«[71]

Im gleichen Jahre 1805, das eine sehr schlechte Ernte brachte, sah sich die ›General-Polizey-Direction‹ zu folgender Weisung genötigt: »Da man bey der jetzigen Theurung aller Lebensmittel, wo es vorzüglich den gemeinen Mann alle Anstrengung kostet, sich und den Seinigen den nöthigen Lebensunterhalt zu verschaffen, nicht ohne Grund befürchtet, daß von selbigen die noch unzeitigen Kartoffeln zum größten Nachteil der Gesundheit genossen werden: So wird durch gegenwärtige Bekanntmachung verordnet, daß niemandem bey Gefängnisstrafe erlaubt sey, Kartoffeln aus der Erde zu nehmen, als bis solche mit den gehörigen Saamen-Aepfeln, untrüglichsten Zeichen von der Reife derselben, versehen sind.«[72]

Interessanterweise verrät die Speisentaxe des ›Stadthauses‹, wo sich die verpachtete Gaststätte des Rates befand, 1805 noch nicht, ob sich Kartoffeln im Angebot befanden. Zumindest ist nur von Mehlspeisen die Rede:

»Bekanntmachung.
Speisen-Taxe auf dem Stadthause
für eine Person und zwar:
I. Mittags.
1) Gemüß und Fleisch 3 gr.
2) Suppe, Gemüß und Fleisch 4 gr
3) Suppe, Gemüß, Fleisch u. Braten 7 gr
4) dasselbe nebst Sallat oder Compot 8 gr
5) Suppe, Gemüß und Fleisch, Mehlspeise, Braten und Sallat 10 gr
6) Suppe, Gemüß und Fleisch ein Entree Braten, Sallat, Backwerk 12 gr
7) Suppe, Gemüß und Fleisch, ein Entree, Mehlspeise, Braten, Compot oder Sallat Backwerk 15 gr
II. Abends.
1) Braten oder Fleischwerk 3 gr
2) Braten und Sallat 4 gr
3) Braten und Mehlspeise 6 gr
4) Mehlspeise, Braten und Sallat oder Compot 7 gr
5) ein Entree, Mehlspeise, Braten 9 gr
6) dasselbe mit Sallat oder Compot 10 gr
Weimar, den 10. April 1805 Zülch«[73]

In einem einfachen, aber schon bessergestellten Bürgerhause wie dem Elternhaus des später berühmten Arztes Christoph Wilhelm Hufeland war das Essen für die Kinder denkbar einfach: ein Frühstück von Milch und Semmel, halb neun ein zweites Frühstück von Butterbrot oder Obst, Mittagessen von Suppe, Brei oder Mus mit Brot, dann als Vesperbrot Obst oder Brot mit Salz bzw. ein wenig Zucker, abends frugales Abendessen, bestehend aus Suppe mit Brot, dazu Obst oder Butter, Mus oder Möhrensaft.[74]

Die ärmere Stadtbevölkerung litt besonders in Zeiten von Mißernten größte Not. 1828 wurde in der Stadt für die Ärmsten der Armen nach englischem Muster, allerdings mit drei Jahrzehnten Verzögerung, eine Suppenanstalt geschaffen: »Rumfordische Suppen-Anstalt. Nach dem Beispiel größerer Städte will ich künftigen Dienstag als den 11. d. M. eine Rumfordische Suppen-Anstalt eröffnen; der Zweck derselben ist, daß Notorisch Armen, so wie Hausarmen, zu einem billigen Preis ein nahrhaftes Essen gereicht wird. Diese Suppe zerfällt in zwei Gattungen, die eine ist reiner schmackhafter Boullon, worin sich ein jeder nach Belieben Brod schneidet, und soll vor die Hand das Nösel mit 4 Pfennigen abgelassen werden. Die zweite Gattung ist dieselbe Kraftbrühe mit einem Suppengries vermischt, wozu man kein Brod bedarf, diese wird das Nösel zu 8 Pfennigen abgegeben. Für einen mittelmäßigen Esser ist ein Nösel hinlänglich, sich zu sättigen. Wenn diese Anstalt Beifall findet, so werde ich wahrscheinlich späterhin die Suppe billiger ablassen können. Jeden Dienstag, Donnerstag und Sonntag von 10 bis 12 Uhr zu Mittage wird solche ausgegeben in der Reimannschen Bade-Anstalt.«[75] Die Rezeptur dieser Suppe war folgende: Wasser, Kartoffeln, Graupen, Erbsen, Salz, Weinessig oder sauer gewordenes Bier. Auf hundert Portionen Suppe kamen drei Pfund Fleisch, 50 Pfund Kartoffeln, Erbsen und Graupen. Das Fleisch wurde auf Gerstenkorngröße geschnitten; die Suppe war nach stundenlangem Kochen so gallertartig dick, daß sie nicht vom Löffel fiel. Hartes Brot als Beispeise erzwang das zur besseren Verdauung notwendige Kauen.[76]

An Getränken war traditionell vor allem das Bier verbreitet. Armut oder Geldschneiderei führten dazu, daß selbst dieses Getränk ›gestreckt‹ wurde. Als im Mai 1759 der Weißbierbrauer am Töpfenmarkt, Meister Dietrich, die kurzzeitige Schließung seines Ausschanks wegen einer Reparatur ankündigte, ließ ein Witzbold folgende Anzeige ins Wochenblatt einrücken: »Das Publicum wird sich ein großes Vergnügen daraus machen, wenn Meister Dietrich am Töpfen Markte sein elementarisches Weis Bier künftighin unverfälscht, früh und spat, ausschenken wird; sofern er aber nicht von seiner verliebten Nachbarin, der sogenannten weissen Lotta, ablassen, und seine mit ihr bishero gar oft gepflogene Vermischung nicht vermeiden wird; so ist Meister Dietrich, der alte Geck, ein greulicher Windmacher. Ein ehrlicher Mann hält sein Wort.«[77] Bier gab es vielfach in der Stadt, da das Brauen verbreitet war;

selbst von den umliegenden Dörfern wurde es gebracht, so daß die Braugerechtigkeit von den Weimarer Produzenten eifersüchtig gegen außerstädtische Konkurrenz verteidigt werden mußte.

Öffentlichen Ausschank betrieben der ›Erbprinz‹ und der ›Elephant‹, wo man – wie Albrecht Klebe um die Jahrhundertwende bemerkte – recht gut logierte. An kleineren Gasthöfen sind der ›Adler‹, die ›Sonne‹ u.a. zu nennen. »Bey Ortelli«, so Klebe, »findet man Italienerwaaren und im Kaffeehause ein Billard. Im Sommer wird der Schwarzische Garten an der Kegelbrücke neben der Jenaischen Chaussee häufig besucht.«[78] Um 1830 hatten sich die Lokale in Weimar erheblich vermehrt: ›Erbprinz‹ und ›Elephant‹ (Markt), ›Alexanderhof‹ (Karlsplatz) und ›Schwarzer Bär‹ (am Jakobstor), ›Schwarzer Adler‹ (Breitengasse) und ›Goldener Löwe‹ (Gerbergasse), ›Hotel de Saxe‹ (Töpfenmarkt) und ›Weißer Schwan‹ (Am Frauentor), ›Zur goldnen Sonne‹ (Breitengasse) und ›Zum Anker‹ (Windischengasse) luden zur Einkehr ein und hatten fast alle Fremdenverkehr. Nur ein Kaffeehaus existierte, dafür aber 7 Weinhandlungen: Meyer, Stolze, Ortelli und Theuß am Markt, Hergt in der Rittergasse und Werner im Stadthaus. Die Schillingsche Weinhandlung ›verschenkte‹ ausschließlich Saale-Unstrut-Weine. Weiterhin gab es vier Konditoreien: die von Grau in der Schloßgasse, von Hesselbarth in der Rittergasse, von Horny in der Windischengasse und von Schwarz in der Breitengasse, der gleichzeitig das Theaterbuffet bediente.[79]

Daneben waren natürlich die jährlichen Vogelschießen und der Zwiebelmarkt sowie Kirchweihfeiern der Dörfer in der Umgebung gegebene Anlässe zum Ausschank des selbstgebrauten Biers.

Daß dieses billigste alkoholische Getränk das Leib- und Magenelixier eines Großteils der jenaischen Studenten war, darf nicht überraschen. Studentische ›Bräuche‹ standen damit im Zusammenhang, wie Frédéric Soret über die Zeit um 1800 zu berichten wußte: »Was man im Trinken leisten kann, zeigen die früheren Studentensitten in Jena, von denen uns Goethe ausführlich erzählt; sie haben sich übrigens seit einiger Zeit sehr geändert. Zur Erbauung aller, die im Trinken ihren Mann stehen, sei einiges darüber hier aufgezeichnet. Das Dörfchen Lichtenhain gehört zum Herzogtum Sachsen-Meiningen, liegt aber als Enklave im Großherzogtum Sachsen-Weimar, zwanzig Minuten von Jena. Jeder Einwohner des ziemlich verkommenen Dorfes hat Brau- und Schankgerechtigkeit; also wandern nicht nur die Studenten, sondern auch die Bürger Jenas tagtäglich nach Lichtenhain und ergötzen sich für ein paar Pfennige an einem Stoff, der den Neuling anekelte, den ausgepichten Trinker aber entzückt. Von der Höhe dieser geradezu vernichtenden Steuer macht man sich schwerlich eine Vorstellung. Ein Beispiel dafür erzählt uns Goethe, es dürfte genügen. Er kennt einen alten Jenenser Spießbürger, der von seinem achtzehnten bis zu seinem achtundzwanzigsten Lebensjahr keinen einzigen Tag versäumt hat, nach Lichtenhain zu gehen und dort sein 20-Kreuzer-Stück zu erlegen für ein Maß Bier und einen halben ›Hahn‹; der Kerl ist keineswegs reich und hat ausgerechnet, er besäße jetzt ein Vermögen von 5500 sächsischen Talern, das sind mehr als 20000 Frank, wenn er das so verzehrte Geld Tag für Tag gespart hätte. [–] Bei den Studenten herrschte der Brauch, einen Herzog von Lichtenhain zu ernennen und im Hofstaat dieses Bacchus die Würden nur nach den Biermengen zu verteilen, die jeder Kandidat vertilgen konnte; niemand wurde Herzog, der nicht an einem einzigen Tag seine 32 Kännchen geleert hatte. Nach den Wahlen begab sich der ganze Hof, unfähig, noch zu gehen, in langer Wagenreihe vier-, sechs- und achtspännig nach Jena, machte dort einen Umzug und kehrte wieder nach Lichtenhain zurück, wo der neue Herrscher von seinem Reich für das laufende Jahr Besitz ergriff. Die politischen Umwälzungen der letzten zwanzig Jahre haben Jena all seinen ehemaligen Glanz und seinen Studenten ihre mittelalterliche Roheit fast ganz genommen.«[80]

Branntwein war verbreitet, in den Schichten des

Bildungsbürgertums jedoch verpönt. In den ›Annalen der leidenden Menschheit‹ wurde 1801 über den Branntwein als Genußmittel – im übrigen galt er als legitimes Allheilmittel – ein vernichtendes Verdikt ausgesprochen. Der anonyme Moralist schrieb über die sich ausbreitende (Un)Sitte des ›Brandweinsaufens‹: Der Schnaps »reizt beständig die Därme und den Magen, macht den Zufluß des Bluts zu solchen häufiger, bringt die Lymphe zum Gerinnen, so daß die Speiseröhre und der Magen der Brandweintrinker immer beinahe völlig verschlossen, die Drüsen verhärtet, und die Häute überaus angeschwollen gefunden werden. Die Fasern der Gedärme werden durch den anhaltenden Reiz und das Gerinnen der Säfte in den feinsten Gefäßen zähe und unempfindlich; daher verlohrne Eßlust, Verstopfungen, stetes Abweichen, Goldaderschmerzen und dgl. In das Geblüth gebracht erwekt der Brandwein Fieberhitze, Herzklopfen, Zittern, einen besondern Trieb der Säfte zum Kopfe, Tollheit, Raserei, Gedächtnisschwäche aller Nerven, die an Dummheit und Blödsinn grenzt.«[81]

Die bürgerlichen Mittelschichten sowie die vermögenden Gebildeten Weimars bevorzugten Wein als Getränk. Man bezog ihn bei der ortsansässigen, über Jahrzehnte bekannten Firma des Italieners Ortelli, der südländische Produkte anbot, oder man ließ sich von auswärtigen Freunden bzw. von Weinhandlungen en gros beliefern, da die Weimarer Händler dies nicht vermochten.[82] Goethe z. B. nutzte in seinen ersten Weimarer Jahren Frankfurter Verbindungen, um sich die vertrauten heimischen Weine nach Weimar spedieren zu lassen. Wer es sich finanziell leisten konnte, erwarb für die Kinder die sogenannte Bischoff-Essenz, ein Saftkonzentrat aus frischen Pomeranzenfrüchten, das mit kühlem Wasser zu einem erfrischenden Getränk verlängert werden konnte. Beliebt war auch Punsch, der als heißes Getränk aus Arrak, Wasser, Zitronen und Zucker gebraut wurde.

In den gehobeneren Kreisen Weimars war das Speisenangebot immer noch durchaus einfach, unterschied sich aber deutlich vom kulinarischen Einerlei der Ärmeren. Zwischen Goethe und Charlotte von Stein wurden häufig als kleine Liebesgaben Lebensmittel ausgetauscht, eine Sitte, die durchaus üblich war. Goethe bedankte sich einmal für das ›Wurst Andenken‹, übersandte dafür selbstangebauten Spargel; für kalten Braten, der ins Gartenhaus geschickt worden war, wanderten Blumen und »Pfirschen« zurück ins Steinsche Haus an der Ackerwand. Naturwüchsig und einfach ging es in Goethes Kartause im stillen, ländlichen Ilmtal zu. Nicht allein, daß nachts, z. T. bis in den Dezember, in der nahen Ilm gebadet, daß auf dem Altan des Gartenhauses, selbst bei »Blitz, Donner und Regen, herrlich geschlummert« wurde; auch das Essen war ländlich: so wurden selbst Besuchern des Dichters lediglich Weinsuppe und gebackene »Eyerkuchen« vorgesetzt. Ein andermal fing man im nahen Park zu Belvedere Fische, die, »auf der Stelle gebacken«, »ein treffliches Essen« ergaben.[83]

Von meist ›gutbürgerlichen‹ Speiseangeboten berichteten Besucher des ›klassischen‹ Weimars; Soret etwa schrieb 1822: »Statt eines Imbisses, den ich erwartete, gab es eine Art Souper, das ich in meinem Tagebuch beschrieb, weil es sehr abwich von dem, was wir in Genf gewöhnt sind. Zuerst reichte man Tassen herum, in denen ich Schokolade vermutete, es war kalte, sehr kräftige Fleischbrühe; dann kam Kaviar, kaltes Fleisch, Wild und anderes; darauf drei oder vier mächtige Platten mit Sardellen und Neunaugen, mit allerlei Salat und belegten Brötchen; dazu zwei- oder dreierlei Wein, in Essig eingemachte Früchte und Fruchttorte.«[84]

Daß sich Goethe z. B. im Umgang mit intimen Freunden als Gourmet, als genießerischer Feinschmecker erweisen konnte, ist überliefert. So aßen der greise Dichter und sein Famulus Eckermann durchaus auch einmal »delikate Froschkeulchen und sonstige gute Bissen« und tranken dazu Champagner (Goethe) bzw. den geliebten Würzburger Wein (Eckermann). Im allgemeinen gab es aber im Goetheschen Haus derartige ausgefallene Speisen nicht; der gutgeführte Haushalt der Christiane Goethe – über die dort herrschenden Eßgewohnheiten und bevorzugten Speisen liefert der Briefwechsel zwischen den Eheleuten zahlreiche interessante Details – unterschied sich kaum von anderen bürgerlichen Haushalten, außer in der bekannten Gastfreiheit des Hauses am Frauenplan. Für die Festlichkeit anläßlich der Übernahme des von Goethe erworbenen Gutes in Oberroßla bei Apolda, zu der zahlreiche Gäste eingeladen worden waren, hatte Christiane folgendes Menü zusammengestellt:

1. Erstens eine Sago-Suppe
2. Rindfleisch mit Senf.
3. Grüne Erbsen mit jungen Hühnern.
4. Forellen oder Back-Fische.
5. Wildprets-Braten und Gänse.
6. Torte und Rührkuchen.[85]

Bei einem Bankett zu Ehren Ifflands, der im April 1798 ein Gastspiel am Weimarer Hoftheater gab, hatten Goethe und Christiane zu einem ›Gabelfrühstück‹ für 30 Personen folgende Lebensmittel gekauft bzw. bestellt: 1 schwarzes Brötchen, 3 weiße Brötchen, 6 Milchbrötchen, 12 Semmeln, 8 Pfund Schinken, 2 Rindszungen, 1 Zervelatwurst zu $1^3/_4$ Pfund, $^1/_2$ Pfund Schweizerkäse, 2 Pfund Schokolade, 4 Pfund Kaffeezucker, 2 Pfund gebrannter Kaffee, 5 Teller (2 Pfund, 8 Loth) verschiedenes Backwerk, 5 Nösel süßer Wein. Aus den überlieferten Preisangaben geht hervor, daß alles, was gegessen wurde, billig war, dagegen die Getränke – Wein, Kaffee und Schokolade – recht teuer kamen.[86]

Völlig realistisch ließ vergleichsweise der Erfolgsautor Julius von Voß in einem seiner kulturgeschichtlich hochinteressanten Berliner Romane, die in den zwanziger Jahren des 19. Jahrhunderts in Preußens Metropole Volkslektüre waren, ein bürgerliches Festmahl mit den Gängen Fisch – Frikassee – Lammbraten – eingemachte Pflaumen – Wein – Bischoff - Punsch ablaufen.[87]

Auch späterhin hat sich in den Speisegewohnheiten des Bürgertums – die Adelskreise blieben hier unberücksichtigt – eine gewisse Einfachheit erhalten. Auf Weimar traf im allgemeinen zu, was ein anonymer Zeitungsautor im Jahre 1800 für den einfachen Menschen feststellte: »Der junge Landmann, der sein Brod und seine Schale Milch mit der größten Wollust verzehrt, hat ja gesundere Eßlust, als der verleckerte Städter, der seine Schildkrötensuppe mit Kayennepfeffer würzen muß, um seinen Gaumen zu reizen.«[88] Als die beiden Polen Adam Mickiewicz und Antoni Edward Odyniec 1829 in Weimar weilten, schrieb letzterer nach Hause, wo man traditionell üppig tafelte und zechte: »Hier kennt man weder jenen Ueberfluß und diese strafbare Vernachlässigung der Gäste, Kaffee oder Thee mit Backwerk, Butterschnitte mit einem Gläschen Wein, und wie jetzt, der Jahreszeit gemäß, Obst, – das ist überall die ganze Bewirtung, mit Ausnahme versteht sich, der größeren Einladungssoireen, bei denen schon andere süßere und ausgewähltere Leckerbissen vorgeführt werden.«[89]

Fräcke und Röcke, Moden und Maskeraden
Bekleidung

Endesunterzeichnete empfiehlt sich mit einer Auswahl schöner Pariser Spatteriehüte in den allerneusten Façons, so wie auch mit ganz feinen genähten und italienischen Strohhüten, milchweißen appretirten Basthüten und verspricht die billigsten Preise. J. Götze, geb. Goullon, wohnhaft am Eingange des Parks.

WWA, Nr. 29, 9. April 1819

Aus dem Jahre 1800 stammt die folgende, von einem wandernden Schweizer getroffene Kurzcharakteristik thüringischer Dörfer und ihrer Bewohner:

»Diese aus der Ferne so freundlich einladenden Dörfer tragen in ihrem Innern statt des erwarteten Wohlstandes überall das Gepräge der Armuth und der Nachlässigkeit. Hütten aus Lehmwänden gebaut, von der Witterung halb zernagt, zerbrochene Fenster mit Papier und Lumpen verstopft, kaum fähig gegen den Wind zu schützen, dies ist das Ansehn eines großen Theils der Wohnungen in diesen Dörfern, zu welchen mir sehr natürlich die Bewohner durch ihr schmutziges Ansehen vollkommen passen. Auch die Wege und Straßen sind schlecht, und bei nasser Witterung beinahe zum Versinken. Mangel an hinlänglichen Materialien zum Bauen der Häuser und Straßen, ist an dieser Vernachlässigung von beiden vorzüglich schuld. –

Uebrigens ist der Thüringer groß und stark; seine Gesichtsbildung gerundet, gedrungen und voll, drückt mehr Phlegma als Geist aus. – Ein Hauptzug seines Characters ist nachlässige Sorglosigkeit und Hang zur Sinnlichkeit. Die Befriedigung des Gaumens und Magens geht bei ihm jedem andern Bedürfnisse vor. Tanz und Musik folgen zunächst, Kleidung und Wohnung zuletzt. Blöße und rauhe Witterung muß ihn erst daran erinnern, wenn er hier Hand anlegen soll. Um Schönheit aber und Zierlichkeit kümmert er sich nicht. – Gewandtheit und Speculationsgeist ist ihm fremd; er hält sich in allen seinen Geschäften und Handthierungen an der Väter Weise, und ist dabei wie sie gutmüthig und ehrlich.«[90]

Daß die Kleidung bei den thüringischen Bauern jener Zeit denkbar einfach war, ist durchaus glaubhaft. Über Jahrhunderte hatten z. B. die Hosen aus zwei separaten Beinstrümpfen bestanden, unter denen man eine kürzere Hose, die ›Bruches‹, trug. Erst gegen Ende des 15. Jahrhunderts wurden die beiden Beinstrümpfe durch Zwickel verbunden. Hemd, Wams und Hut ergänzten die Bekleidung; im 16. Jahrhundert kamen Strümpfe oder Gamaschen dazu. Mitte des 16. Jahrhunderts wurden die Pluderhosen modern, die zuerst von den Landsknechten getragen worden waren, dann brachte die spanische Mode nacheinander Ballonhosen und Kniehosen, im 17. Jahrhundert schließlich Pumphosen und Schlumperhosen, zu Beginn des 18. Jahrhunderts kamen mit dem französischen Einfluß die engen Kniehosen auf.[91] Die Übernahme dieser Moden bei Handwerkern und Bauern war höchst unterschiedlich. Die Bekleidung, die ja gleichzeitig Arbeitsbekleidung war, mußte zweckmäßig, angepaßt und haltbar sein; teure, empfindliche Materialien wurden von den Arbeitenden durch derbere, billigere ersetzt. Die herrschenden Moden waren dabei – abgeschwächt – immer die Moden der Herrschenden. Dennoch blieb die Alltagsbekleidung im wesentlichen im Rahmen der althergebrachten Kleidungsstücke: Mantel oder Schaube als Oberrock, Wams und Hose, schon weniger häufig Hemden und Schuhe bei den Männern, Hemd, Oberrock, Untergewand für die Frauen. Die Unterschiede zwischen Dorf- und Stadtbewohnern waren oft gravierend.[92]

Auch die Kleidung der Weimarer um das Jahr 1800 folgte der herrschenden französischen Mode, später dann der englischen; sie unterschied sich deutlich von dem bäuerlichen Habitus, der in den Dörfern der Umgebung beobachtet werden konnte.

Die Nachäfferei der französischen Mode wurde noch nach der Jahrhundertwende satirisch gehörig verspottet; Beispiele dafür finden sich in den Romanen des schon erwähnten Julius von Voß. Die Allongeperücke zählte um 1720 bis zu 300 Locken und kostete, wenn sie aus gutem Haar verfertigt war, bis zu 300 Taler; in den folgenden Jahrzehnten reduzierte sich dieser Kopfschmuck, der eigentlich ein Kleidungsstück der Rennomisten war, immer mehr, bis nur noch Haarbeutel, wenige seitlich angebrachte Locken, schließlich der Zopf übrig waren. Mit der von Rousseau propagierten Rückkehr zur Natur und zum Natürlichen kam auch das eigene Haar wieder zu seinem Recht. Studenten und junge Männer trugen das Haar lang und lockig à la Shakespeare, dann wurde es kürzer und kürzer: ›Pudelköpfe‹, schließlich ›Schwedenköpfe‹, bei denen das hintere Haupthaar kurz geschnitten und aufwärts gekämmt wurde, sowie ›Tituskopfe‹[93] wurden der letzte Schrei.

Neben den Schönheitspflästerchen, die als besonders neckischer Liebreiz galten, oder der unentbehrlichen Ombrella, dem Zierschirm, war der Reifrock im 18. Jahrhundert das wichtigste Stück im Damenputz. Wie die zahlreichen Schattenbilder der Hofdamen Anna Amalias ausweisen, trug ihn die weibliche Weimarer Hautevolee ohne Ausnahme. Voß schrieb über dieses Kleidungsstück: »Daß der Reifrock nicht natürlich war, hatte seine Richtigkeit, ist gleichwohl alle Kleidung natürlich? Daß er, nächst Zubehör, weil man des Zeugs in so ungemein vielen Ellen dazu bedurfte, auch theuer sein mußte, schadete den Käufern nur, den Fabriken war es nützlich. Beschwerlich mußte er allerdings sein, einmal des Stoffgewichts halber, und dann rücksichtlich des inneren Gerüstes, aus Fischbein aufgebaut, wozu sogar, der festeren Haltbarkeit willen, auch einiges Holz kam. Dies war nöthig, denn in den Zeiten seiner größten Ausdehnung, welche um die Mitte des achtzehnten Jahrhunderts anzunehmen ist, breitete sich der Reifrock von jeder Hüfte auf drei Schuh weit aus, von welchem Abstand an er erst sich niederwärts wölbte, aber auch noch unter einem nach auswärts geneigten Winkel. Es folgte, daß ein schönes Mädchen in seiner Mitte dadurch um ein Gutes breiter als lang erschien. Beschwerden, die anderweitig Vergnügen bringen, trägt der Mensch gern, das wissen die Liebenden, und Reifröcke wurden auch geliebt. Darum machte sich eine Dame nichts daraus, wenn sie zwar in einen Thorweg, nicht aber in eine gewöhnliche Thüre so treten konnte, wie sie es ohne ihre künstliche Breite vermocht haben würde. Es mußte mittels einer halben Wendung geschehn, was auch beim Einsteigen in eine Kutsche galt, worin damals auch nur zwei Frauenzimmer, die sich gegenüber saßen, Platz finden konnten. Reichte eine Mannsperson der Dame den Arm, um sie zu führen, vermochte der ihrige den seinigen nicht abzureichen, wenn nicht die rechte Schulter vor, die linke zurückgenommen ward, und ihnen die Hüften folgten. Die Mannsperson mußte ihrerseits sich entgegen gesetzt drehen, was einen doppelten Schiefmarsch nöthig machte. Eine Dame mußte aber geführt sein, damit sie bei dem ungewissen Gang, den die hohen, spitzen Absätze der Schuhe jener Zeit veranlaßten, nicht fiel. Angenommen, es waren zwei Personen sich zuwider, so mußte ein Spaziergang beschriebener Art, etwa zu Berlin die Linden einige mal auf und ab, ziemlich ermüden. Im Fall sie jedoch ineinander verliebt waren, hatten sie den besten Vorwand, sich unablässig anzusehn, was jetzt wieder auffallen würde. So hatten folglich die Seitenbewegungen auch zwei Seiten.«[94]

Später reduzierte sich dieses Ungetüm; erst trug man die weniger breiten ›Considerationen‹, dann nur noch die sogenannten ›cul de Paris‹, die aus einem halbrunden, mit Eiderdaunen gestopften Kissen bestanden, das unter dem Kleid, hinter dem Gesäß angebracht wurde. Dazu Voß: »Des Quergangs waren die Frauenzimmer nun überhoben, ohne alle Plagen ging es bei der neueren Ausdehnung aber auch nicht ab. Sie traten ein, wenn man sich setzen wollte, und ein Frauenzimmer fand auf einem Stuhle kaum halben Platz, den Rest bedurfte das Kissen. In den Neunzigern endlich hatte das schöne Geschlecht den Muth, auch dies Kissen abzuwerfen, woran ohne Zweifel die französische Staatsumwälzung Theil hatte, die den Menschen der Natur Allenthalben wieder näher bringen wollte, auch bald dem Gewand von Kos nahe kam, das nicht allzuweit mehr vom Feigenblatt der ersten Mutter stand, wie laut schon das Klima widersprach.«[95]

Die etwa zur gleichen Zeit gängige Aufmachung des nach französischer Manier gekleideten Stutzers hatte folgendes Aussehen: »Am Rücken hing ... ein ungeheurer Haarbeutel, ein lächerlich überflüssig Ding, auch bald groß, bald klein, das sicher dem ersten Träger den Namen eines Narren aufgeladen hatte, späterhin aber von den vernünftigen Männern beliebt war, und ohne welches kein würdevolles Auftreten bei Festlichkeiten bestehn konnte. [–] Der Fischbeinrock bestand aus violettfarbnem Sammet. Denn nicht nur das schöne Geschlecht – und die Läufer der vornehmen Herren – trugen Fischbein in der Kleidung, sondern anfangs auch die Stutzer, und nach ihnen – wie immer – die erst es lästerten. In den Hüftgegenden war es so angebracht, daß es die Rockschöße weit hinaus in die Lüfte ausbreitete. Mit Tressen war dieser Rock nicht versehn, weil sie nachgerade in einige Abnahme gerieten, das Futter bestand aus weißem Atlaß, und aus den gewaltigen Ärmeln quollen Manschetten, vor welchen man die Hände kaum sah. Die Weste war fleischfarben, mit Silber durchwirkt. Prachtwesten dieser Art pflegte man auch Schabraken zu nennen. Das schwarze Beinkleid war über dem Knie mit Schnallen befestigt, und die weißseidnen Strümpfe hatten kunstreich angenähte Zwickel. An den feinsohligen, vorn runden Schuhen befanden sich rothe Absätze. Überaus klein war der übergoldete Degen; der kleine Hut, den man seiner Fläche halber nicht aufsetzen konnte, ward unter dem Arm getragen. Zu dem Allen war [das] Gesicht – natürlich etwas bleich – stark roth geschminkt, und man zählte fünf Schönheitspflästerchen darauf.«[96] Karl von Lynckers Erinnerungen enthalten durchaus ähnliche Bilder.[97]

Vor diesem Hintergrund kann das Wertherkostüm, das auch die Weimarer Jugend nach dem Erscheinen des Romans und der Ankunft seines Autors anlegte, nur als provokantes Kleiderensemble empfunden worden sein: hohe Stulpenstiefel mit Kappe, gelbe lederne Beinkleider, gelbe Weste und blauer Rock. Der Hals blieb unbedeckt, das Haar trug man frei, was von der älteren Generation als besonders aufrührerisch moniert wurde.[98]

Die Bekleidung der Weimarer Kleinbürger war, den finanziellen Mitteln der Träger angemessen, höchst einfach, möglichst haltbar und zweckmäßig. Textilien waren teuer; entsprechend lange wurden einzelne Kleidungsstücke getragen. Bezeichnenderweise lag der Diebstahl von Kleidungsstücken – worauf noch einzugehen sein wird – weit an der Spitze aller Eigentumsdelikte jener Zeit. Einen beliebten Ausbruch aus dem durch ökonomischen Zwang diktierten Bekleidungseinerlei – die Zeit der ständischen Kleiderordnungen mit ihren Verboten und Geboten war zudem noch nicht vorbei – bildeten die Maskeraden, die zu den geschätzten Weimarer Stadtfreuden gehörten. Hier war zumindest dem bessergestellten Bürgertum die legale Chance gegeben, über die Verkleidung in eine Scheinwelt zu wechseln. Karoline Jagemann berichtete über ein solches Kleidervergnügen um das Jahr 1785: »Die öffentlichen Maskeraden waren in Weimar ein beliebtes Wintervergnügen und eigentlich was man ›bal en masque‹ nennt, denn die Gesellschaft war gewählt und der Hof zugegen. Am Geburtstage der regierenden Frau Herzogin fand gewöhnlich eine solche Redoute statt und gab Gelegenheit zu allegorischen Aufzügen. Meine Eltern besuchten einst solch ein Fest, und ich durfte sie begleiten, gar zierlich und nett als Spanierin schwarz und rosa angeputzt. Meine Toilette flößte meinem kleinen Bruder solchen Respekt ein, daß er mich Sie nannte und mir mit einem tiefen Bückling die Hand küßte. Ich hatte weiß glacierte Handschuhe an und ein kleines Schnupftuch in der Hand, mit Eau de lavande begossen, und als ich zum Spiegel emporgehoben ward, um auch des Glückes teilhaftig zu werden, mich bewundern zu können, war mir sehr feierlich zumute. Mit Staunen sah ich manche von den großen Schöngeistern von Weimar, die es nicht verschmähten, sich unter die Sterblichen zu mischen, Goethe als Orest, Einsiedel als Orpheus, Musaeus als Janus, Bode als Dorfschulmeister mit einer Stutzerperücke und einem großen Buche unter dem Arm. Für den Hof war eine drei Stufen hohe Estrade angebracht, mit Fauteuils besetzt, die Rückwand mit großen Spiegeln behangen. Im Saale schwebten die Herren in Dominos und hohen Schwungfedern auf dem Hute an der Seite der Damen auf und ab, und, obgleich die Redoute eigentlich noch nicht begonnen hatte, trieb hier eine Maske ihr rätselvolles Spiel, verfolgten dort ganze Gruppen einen Pierrot, der seine Hände, auf die es besonders abgesehen schien, unter die langen Ärmel versteckt, oder ein Rudel Zwerge stürzte mit schrillen Tönen unter die friedlich Dahinwandelnden. Da wurden auf einmal die Türen weit geöffnet, der Hofmarschall trat herein, und das Schmettern der Trompeten und das Wirbeln der Pauken kündigte die Ankunft des Hofes an. Als die beiden Fürstinnen ihren Platz eingenommen hatten, bildete sich ein weiter Kreis, und eine Schar kleiner Engel in schneeweißen Gewändern mit goldenen Flügeln an den Schultern kam geflogen und legte Blumen vor ihren Füßen nieder. Ich zitterte schon, daß sie ebenso plötzlich wieder verschwinden möchten, aber nein, sie trieben sich im Saale herum und verzehrten mit größtem Behagen Mustörtchen, die ihnen zum Lohne ihres Wohlverhaltens verabreicht wurden.«[99]

Die in Weimar sich aufhaltenden ›Schöngeister‹ wurden naturgemäß als beispielgebend für bestimmte Kleidungssitten angesehen. So wie die aufbegehrende männliche Jugend um 1775 die Werther-Mode annahm und die Identifikation mit ihrem Helden demonstrierte, so sahen viele Weimarer Bürger und Bürgerinnen in ihren Idolen das nachahmenswerte Bekleidungsvorbild. Die Obermedizinalrätin von Froriep, eine Tochter des Unternehmers Bertuch, erinnerte sich des äußeren Bildes der Corona Schröter, einer der begabtesten Weimarer Schauspielerinnen: »Sie ging nie ganz nach der Mode, sondern immer eigen gekleidet, nicht auffallend, nicht willkürlich, aber ihr ganz angemessen und wohlstehend, zum schönsten Eindruck. . . . Sie genoß eines hohen, unangetasteten Rufs. Man wollte insgeheim wissen, daß sie mit Hrn. von Einsiedel getraut gewesen. Sie bewohnten beide dasselbe Haus, auf dem Markte, sie eine Treppe hoch, er zwei. Man will ein einzigesmal von außen gesehen haben, daß sie hinter dem Fenstervorhang, der nicht völlig zugezogen war, sich geküßt! –«[100] Sehr schön zeigt das Beispiel auch, wie oft sich der Stadtklatsch Weimars in den Reminiszenzen über das ›klassische Zeitalter‹ niederschlug.

Neben den Berühmtheiten Weimars prägten die zahlreichen aus Jena herüberkommenden Studenten das bunte Treiben in der spätfeudalen Residenz. Die pittoreske Variante jedenfalls des weimarischen Kleiderbildes lieferten die Studiosi der Alma mater Jenensis, wenn sie das Theater besuchten. Friedrich Albrecht Klebe überlieferte ein solches Gemälde in prächtigen Farben: »Die Kleidung dieser jungen Leute sieht seltsam gegen den decenten Anzug der Weimarischen Herren aus. Thurmförmige Mützen mit mancherlei Farben zieren ihre Häupter, unter denen ein dickes Haar hervorhängt, das um ihr Kinn zusammenschlägt und den größten Theil ihres Gesichts bedeckt. Sie schütteln darum alle Augenblicke das Haar, wie der Löwe seine Mähne schüttelt, um sehen zu können. Eine kurze Jacke mit Aufschlägen von anderer Farbe, gehört nothwendig zu diesem Anzuge, und ihre Schenkel sind mit langen Reithosen bedeckt, deren eine Seite mit Leder besetzt ist. So zeigen sie sich überall, und nur ihr kleinerer gesitteter Theil, der sich aber, wie man von Jahr zu Jahr mit Vergnügen bemerkt ziemlich beträchtlich vermehrt, trägt sich, wie sich andere vernünftige Menschen kleiden.«[101]

Eine neuerliche Wandlung der Kleidung brachten die Revolutionsereignisse in Frankreich mit sich. Die ›Sansculottes‹ erhielten den Namen nach ihrer Beintracht; die Pantalons oder Röhrenhosen galten in den neunziger Jahren als Ausweis revolutionärer Gesinnung. Der Eisenacher Kammerrat Ernst Anton August von Göchhausen, ein eifernder Gegner der Revolution, schrieb dazu: »Philosophie und Hosen [hängen] zusammen!«[102] Wie stark der ›politische Libertinismus‹, der sich infolge der Revolution über alle europäischen Länder ausbreitete, mit den Wandlungen der Kleidungssitten in Zusammenhang stand, verrät ein Beitrag über ›Kleiderordnung‹, der 1797 in den ›Annalen der leidenden Menschheit‹ erschien. Der Beiträger verwies darauf, daß schon 1794 der Fürst-Bischof von Passau jegliche ›jakobinische Kleidung‹ untersagt und zwei Jahre später der Landgraf von Hessen-Kassel ein gleiches administriert habe. Im Artikel heißt es weiter: »Allen Landgräflichen Dienern ist das Tragen von Pantalons (eine sehr alte und warme Tracht, besonders in Ungarn üblich), Knotenstöcke (wie ehemals die Bauern allein trugen), runden Hüte (die im Sommer sehr nützlich zum Beschatten des Kopfes sind, wenn man einen hat), abgeschnittenen Haare (wie der Landmann trägt) verboten, und dieses Verbot durch eine authentische Auslegung auf Schuhe mit Bändern, Halbstiefel und Backenbärte ausgedehnt worden.« Der Verfasser, hier noch deutlich ironisch, wurde ernsthaft moralisch, wo er auf die ›moderne‹ Kleidung der Frauen jener Jahre zu sprechen kam; Aufgabe eines jeden Erziehers sei es, »dem sanften weiblichen Geschlechte fühlbar« zu machen, »daß es nur Buhlerinnen anständig ist, den Arm bis zur Schulter zu entblössen, und den Busen zur Schau zu tragen«.[103]

Ganz in diesem Sinne ist eine spätere Bemerkung Friedrich Peucers zu werten, der am Weimarer Gymnasium tätig war: »Als vor einigen Jahren das Steuer von Frankreich noch in den Händen des Directoriums lag, und der üppigste Libertinismus die oberen Stände dieses Reiches dahinriß, sah man nicht selten, besonders auf Bällen und Maskeraden, Damen, welche das durchsichtigste Gewand, mittels kostbarer Agraffen, bis zur unkeuschen Höhe emporschürzten . . . Hätte jene aufkeimende pariser Mode, das Gewand bis an's Knie aufzuschürzen, wider Zucht und Himmelsstrich, in unserem Mitteleuropa allgemeinere Wurzel getrieben, so war Sittlichkeit und Gesundheit des zarten Geschlechtes auf Generationen hinab gefährlich verwundet, vielleicht zu Grunde gerichtet.«[104]

Wieder war es ein französischer Einfluß, der mit dieser Kleidersitte wie eine Welle über Deutschland hinwegschwappte. Daß der kulturgeschichtliche Vorgang politisch akzentuiert erschien, erklärt den galligen Ton Ernst Moritz Arndts, der 1814 loswetterte: »Von allen Europäern sind wir Teutsche fast diejenigen, welche auch hier am meisten vom Wechsel und den Launen und Thorheiten fremder Völker abhangen. Abgeschmackter, lächerlicher, und zweckwidriger kann nichts seyn, als wie ein europäischer Mann, vorzüglich wenn er stattlich und feierlich seyn soll, seit zwei Jahrhunderten auftritt. Wenn man seine verschnittene und verstümmelte Kleidung sieht, sollte man glauben, sie sey Hunden und Affen angezogen, die ein Gaukler mit der Peitsche in der Hand dem Pöbel zum Tanze aufführt, und aus Versehen auf seinen Leib gethan: da ist alles für das Lächerliche und Häßliche, für die Gesundheit und Schönheit, den Wohlstand aber ist nichts. Wir würden vieler kleinen und eitlen Sorgen los, unsre Jugend würde von vieler Gauklerei und Gekkerei errettet, wenn wir von der Tracht unserer Vorfahren uns das Natürliche und Männliche wieder nähmen, das sie vor zweihundert und dreihundert Jahren noch hatte.«[105]

Wie albern und überzogen nach heutigem Empfinden beispielsweise die Maskenbälle inszeniert wurden, nachdem die Schrecknisse des Krieges von

1806 über das kleine Ilmstädtchen hinweggebraust waren, verrät ein Brief Johanna Schopenhauers an Gerhard von Kügelgen, geschrieben am 4. Februar 1809: »Den Freytag (3. Febr.) fuhr ich dann um $^{1}/_{2}$ 9 nach dem Stadthause und fand in einem für uns von Göthen bestimmten Zimmer den größten Theil unserer Gesellschaft schon versammelt und Göthen mit Uniform und Ordensband mitten drunter voll Leben und Feuer, er musterte jeden einzeln, obs noch wo fehle, hernach hat er uns exercirt, arrangirt, commandirt, nach Herzenslust, ich habe ihn nie so lebendig gesehen, wir alle wurden von seinem gewaltigen Leben ergriffen, die fremde Kleidung, die Erwartung, alles stimmte uns höher, ich wollte Sie wären da gewesen. Mit einem Male öffnete sich die Thüre, ein wohlgekleideter incroyable mit hohem schwarzem Backenbart und Hahnenkamm, einem gewaltigen Sturmhut unterm Arm, übrigens hübscher Figur, schlank und gewandt, aber durch eine sehr gut gemachte Maske, die hübsch, frech, verrucht und artig zugleich war, ganz unkenntlich gemacht, trat herein, es war Falk, hinter ihm wandelte ein recht hübsches SchreibBüreau mit einer Büste oben drauf die klägliche Mienen machte, unten stand die Inschrift ›Melpomene‹, auf der Rückseite des Büreaus mit goldenen großen Buchstaben ›elegante Zeitung‹, ein blau atlaßner Vorhang bedeckte die Füße des Büreaus und des Mannes, der es trug, und der oben den Kopf als Melpomene herausstellte; im Saal machte Falk denn nun tausend Spaß, er holte aus seinen Huth einen kleinen zusammengelegten dreibeinigen Stuhl hervor, ließ sich häuslich nieder, schloß sein Bureau auf, theilte seine Zeitung aus, schrieb tolle Einfälle die er an die Umstehenden austheilte, kurz niemand spielte seine Rolle den ganzen Abend durch so wie er, auch wußte Göthe nicht wie er ihn genug preisen sollte. Das Büreau war allerliebst gemacht, auch hatte er Tinte, Feder, Papier, Siegellack, kurz alles nöthige zum Schreiben drinne. Endlich war die Herzogin da, Göthe ließ uns bey sich vorbey defiliren, und war doch wieder eher unten als wir, im Saal waren Leute gestellt, die lange Stangen horizontal hielten, so daß ein breiter Weg für uns gemacht war und wir von allem Gedränge frei waren und gut gesehen werden konnten. Da marschierten wir denn ganz gravitätisch durch, in der vorgeschriebenen Ordnung, die 3 Könige in ihrer Pracht und so klein und zierlich, und hinterher der Riese Ruprecht, der auf seinen Coturnen gewaltig schwer auftrat, erregten allgemeinen Beyfall, hinterm Ruprecht kam die elegante Zeitung um alles gleich aufzunotiren, Göthe im schwarzen Tabarro und Maske war überall und sorgte, daß wir ordentlich und in gehöriger Distanz gingen; so machten wir zweymal die tour um den Saal und begrüßten die Herzogin die vorne auf der Estrade stand.«[106]

Noch aufgeputzter, mit noch mehr Accessoires versehen, trat die Gesellschaft bei der Schwiegertochter Goethes, bei Ottilie auf, die die Weimarer Jeunnesse dorée um sich versammelte. Ein Besucher der Stadt, der Balte August von Sternberg, berichtete: »Da ich von ungewöhnlichen Anzügen spreche, so muß ich auch des phantastischen Putzes erwähnen, den die genialen Frauen anlegten. Frau von Göthe dachte sich immer etwas Poetisch-misteriöses, wenn sie Toilette machte. Die gewöhnlichen Putzgegenstände genügten ihr nicht. Trug sie Blumen, so waren diese so gewählt, daß sie eine eigene Sprache für den Eingeweihten führten, legte sie Stoffe an, so hatte dieses Kleid diese Geschichte, jenes jene. Diese Art toilette parlante wurde durch sie Mode. Andre, jüngere Damen machten sie ihr nach, und dadurch kam es, daß ein junger Elegant, wenn er im Ballsaal erschien, zugleich im Tanz mit seiner Dame auch einen ganzen kleinen Bilderladen alter Erinnerungen in den Arm nahm, und gleichsam ein tanzendes Album zur Ergötzlichkeit seiner Kameraden mit sich herumwirbelte. Auf diese Weise las sich der Tänzer, nicht aus den Augen, die schüchtern gesenkt blieben vor dem spähenden Blicke der Hofmeisterin, sondern aus den Haaren der Geliebten die Antwort auf ein kürzlich abgesendetes Liebesbriefchen heraus. Später kam diese zarte Sprache etwas in Verfall, wahrscheinlich weil Weimar zu wenig geschickte Blumenmacherinnen hatte, die fähig waren, dem raschen Umschwung der Gefühle im Busen der jungen Schönen zu folgen.«[107]

Die Haartracht der gebildeten Weimarerinnen war übrigens, wie Johanna le Goullon, die Tochter des ehemaligen herzoglichen Leibkochs, berichtete, stark beeinflußt von den Antikenstudien in der von Georg Melchior Kraus geleiteten Zeichenakademie: Selbst das schöngeflochtene Haar, »das unsre jungen Mädchen und Frauen lieblicher schmückt als der auserlesenste Kopfputz, verdanken sie dem Abzeichnen antiker Köpfe der Griechinnen und Römerinnen, mit welcher diese Anstalt sie bekannt macht«[108].

Daß solche Frisur- und Kleidervergnügungen schon von manchen Zeitgenossen in ihrer Steifheit und falschen, aufgesetzten Lustigkeit erkannt wurden, erweist das Urteil Russells, dem die Masken, Dominos und Tabarros steif, hölzern und humorlos erschienen.[109]

Gesetzt, traditionsbewußt, konventionell im guten Sinne ging es im Hause des greisen Goethe zu. Der Bericht des Berliner Journalisten Ludwig Rellstab aus dem Jahre 1821 mag diese lose Reihung von Weimarer Kleidersitten beschließen: »Zelter war, als wir Andern schon versammelt waren, noch nicht zugegen, wohl aber Felix Mendelssohn, der sich scherzend, wie am Morgen, mit den Damen des Hauses unterhielt. Zelter wohnte in einem der an den Gesellschaftssaal stoßenden Zimmer. Von dort trat er ein, in einem Ceremoniel der Kleidung, wie ich ihn in Berlin niemals gesehen, nämlich in kurzen, schwarzen seidenen Beinkleidern, seidenen Strümpfen und Schuhen mit großen silbernen Schnallen. Eine Tracht, die damals schon längst nicht mehr Sitte war, ihm aber von früherer Zeit her, als die der höchsten Festlichkeit, gewohnt sein mußte. Er, der sonst mit der Gesellschaft ziemlich obenhin zu verkehren pflegte, legte also in Goethe's Hause doch einen entschiedenen Werth auf die äußern Formen. Ob rein die Ehrfurcht vor der geistigen Größe des Freundes oder wenigstens zugleich mit die vor seiner anderweitigen Lebenseinstellung es war, die ihn dazu bestimmte, lassen wir ununtersucht.«[110]

Posten und Boten, Wege und Stege

Infrastruktur

Es wünscht jemand, der zu Johannis d. J. allein, in einer Miethkutsche von Weimar nach Nürnberg reisen will, einen annehmlichen Reisegefährten zu haben, welcher jedoch zu dem Fuhrlohn einen angemessenen Beitrag thun müßte. Man hat deshalb an den Hofadvocat Hesse, in Weimar, sich zu wenden.

WWA, Nr. 46, 8. Juni 1805

Weimar lag abseits der traditionellen Handelsstraßen. Die ›Via Regia‹ (Königsstraße), die West-Ost-Verbindung, verlief nördlich des Ettersberges und verband Frankfurt am Main mit Leipzig. Die alte ›Kupferstraße‹ in Nord-Süd-Richtung lief östlich an der Residenz vorbei und führte von Eisleben/Mansfeld über Mellingen-Rudolstadt nach Nürnberg. Die bestehenden Straßen, die Weimar mit Erfurt im Westen, dem Sitz des Obergeleits, und Jena im Osten, wo das Postwesen angesiedelt war, verbanden, waren in einem erbärmlichen Zustand und wurden erst im 19. Jahrhundert allmählich zu Chausseen, zu Transportwegen mit befestigtem Unterbau hergerichtet. Goethe hatte dazu als Mitglied der Wegebaukommission bis 1786 wesentlich vorgearbeitet. Feste Postverbindungen gab es erst ab 1757, die von der Thurn- und Taxisschen Post, aber auch von kaiserlichen, kurfürstlich-sächsischen und herzoglichen Posten betrieben wurden.[111] Noch lange aber überwogen althergebrachte Methoden. Wer etwa nach Leipzig, Frankfurt am Main, Nürnberg oder Berlin reisen wollte und nicht über eigenes Gefährt verfügte, annoncierte um Reisemöglichkeiten. Umgekehrt suchten aus Gründen der Reiseökonomie mit Extrapost Fahrende Begleiter, die einen Teil der Unkosten tragen konnten. Noch 1844, da die Eröffnung der Eisenbahn unmittelbar bevorstand, florierte nicht nur die Portechaisen-Anstalt, sondern auch das Lohnkutscherwesen; Erfurt, Gotha, Eisenach, Naumburg, Jena und Rudolstadt waren mit dieser vom Volkswitz als ›Rumpelpost‹ bezeichneten Personenbeförderung schnell und billig zu erreichen.[112] Reisen jeglicher Art in die nähere Umgebung, nach Apolda oder Buttstädt z. B., wurden reitend oder laufend zurückgelegt. Zwischen Weimar und Jena – Goethe nutzte diese Einrichtung jahrelang – verkehrten Botenfrauen; sie benötigten mit ca. 40 bis 50 Pfund Gewicht auf dem Rücken für die 20 Kilometer etwa vier Stunden zu Fuß. Ähnliche Verbindungen gab es nach Erfurt, Apolda, Blankenhain, Berka und weiteren Orten der Umgebung Weimars. Botengänger waren für jede zu Fuß zu bewältigende Strecke verfügbar, wie man z. B. 1811 lesen konnte: »Einem geehrten Publicum mache ich bekannt, daß ich Bothengänge, die Meile zu 5 gr, zu gehen bereit bin und mich durch promte und richtige Besorgung empfehlen werde. Carl Neubert, wohnhaft im Leunigerschen Hause in der Todtengasse.«[113]

Die Bauern kamen zu den Wochen- oder Jahrmärkten meist zu Fuß nach Weimar, die Naturalien in der Kiepe auf dem Rücken; sie brauchten folglich kaum ausgebaute Straßen, nutzten vielmehr die jahrhundertelang bekannten Wander- und Marktwege. Anders sah es aus für die Bürger Weimars, die sich im Spätsommer und Herbst jeden Jahres in größerem Umfang mit Brennmaterialien aus dem Buchfarter, Hetschburger und Blankenhainer Forst versorgen mußten. Diese Transporte übernahmen kommerzielle Fuhrunternehmer, die die kürzeste Tour in südlicher Richtung wählten und mit ihren schweren Holzfuhren dabei auch die Chaussee nach dem nahen Lustschlößchen Belvedere benutzten. Die herzogliche Obrigkeit verbot dies im Jahre 1789 mit der Begründung, daß diese Sraße doch »eigentlich unter die Promenaden mit gezählt wird«.[114] Tatsächlich war die Chaussee zu leicht gebaut und vermochte diesen Belastungen nicht standzuhalten.

So ist es zu verstehen, daß sich Goethes Aufmerksamkeit über Jahrzehnte auf die Verbesserung der Straßensituation richtete.[115] Soweit die meist angespannte Finanzsituation des Herzogtums es zuließ, wurden auf diesem Gebiete immer wieder neue Anstrengungen unternommen. Im März 1814, fast unmittelbar nach den kriegerischen Auseinandersetzungen der Befreiungskriege, da Pferde rar und teuer waren, konnten die Weimarer in ihrem Wochenblatt folgende Annonce der ›Wegebau-Deputation‹ lesen: »Diejenigen der Pferde haltenden Bürger hiesiger Stadt, welche willens sind, aus dem Steinbruch an der Altenburg, Steine zur Unterhaltung der, der Stadt zunächst liegenden Chausseedistricte anzufahren, belieben sich auf der Exposition des Herzogl. Landschafts-Collegii und zwar bey dem Wegebauconducteur Schneider zu melden.«[116]

Dennoch ging es nur allmählich einer Besserung entgegen. Noch 1826 mußte Johanna Schopenhauer das folgende bezeichnende Ereignis aus Weimar an Sulpiz Boisserée melden: »Kunschtmeyer hätte an diesen Tagen sich bald in aller Eile aus dieser Zeitlichkeit empfohlen; die Erfurter wollen dem seligen Falk ein Denkmal stiften; Kunschtmeyer ließ sich beikommen in einem kleinen Einspänner nach Erfurt zu fahren, um seinen Senf dazu zu geben, erkältete sich bei dem kalten Nordostwind und blieb dort tödtlich erkrankt liegen. Jetzt ist er wieder in der Besserung. Hauptsächlich um Goethe hätte mir sein Verlust sehr leid gethan, dieser hegt und pflegt ihn noch als ein Andenken aus einer früheren bessern Zeit, und er hat leider nicht mehr viele zu verlieren . . .«[117]

Wenn schon eine solche kurze Fahrt Gefahren für Leib und Leben mit sich brachte, sei es durch die Witterungs- oder die Straßenbedingungen, kann es nicht erstaunen, daß man sich für längere Reisen einen Reisebegleiter zur Unterstützung suchte. Besonders delikat war ein solches Unternehmen für eine alleinreisende Dame, die übler Nachrede vorzubeugen hatte. Anzeigen wie die folgende waren denn nicht selten: »Ein Frauenzimmer wünscht eine verständige Person ihres Geschlechts als Begleiterin auf einer Reise nach Riga mitzunehmen. Sie wird dieselbe während der Reise in allem freihalten und ihr nach Vollendung derselben ein angemessenes Geschenk machen. Die nähern Bedingungen sind zu erfragen No. 74 lit. D. auf dem Töpfenmarkte.«[118]

Waren Verkehrswege instand gesetzt bzw. in einen stabilen Zustand versetzt worden, wurden für ihre Benutzung Abgaben verlangt. Die Zeitung kündigte dann die Erhebung des ›Chausseegelds‹ an: »Da die neue Chaussee über den Ettersberg bis jenseits Großobringen vollkommen hergestellt und schon seit einiger Zeit der Passage geöffnet worden ist; so wird, vom 19 d. M. anfangend, in dem Jacobsthor hier, und in der neuerrichteten Einnahme zu Großobringen, von dieser Chausseestrecke das tarifmäßige Chausseegeld erhoben werden, welches wir hiermit zur öffentlichen Kenntnis bringen. Weimar, am 17. Januar 1832. Großherzogl. S. Chaussee-Kommission Coudray.«[119] Clemens Wenzeslaus Coudray, der Baumeister der ›klassischen Zeit‹, erwarb sich große Verdienste beim Straßenbau in den weimarischen Landen. Er plante und leitete nicht nur den Wiederaufbau der teilweise abgebrannten Städte Berka, Buttstädt und Rastenberg sowie der Dörfer Udestedt, Großrudestedt, Haßleben u. a., er sorgte im Verein mit Goethe auch für den Abschluß der Bauarbeiten an den ›Kunststraßen‹ bei Jena 1818, sodann bei Erfurt, Neustadt und Remda.[120]

Von Adolf Henß stammt eine bildhafte Beschreibung, die die neuen Belastungen verbesserter Straßen verdeutlicht:

»Je besser in unserer Zeit die Chausseen gebaut und erhalten werden, je höher werden die Frachtwagen aufgethürmt. Sieht man ein solches Fuhrwerk, mit 180 bis 200 Centnern befrachtet und von 8 Pferden gezogen, daherwalzen, so kann man auch sehen, wie das Pflaster unter ihm erzittert; auch die ein- und zweispännigen Karren wirken bei gleicher

Ueberbeladung gleich zerstörend, und das geringe Chausseegeld ersetzt nicht den durch eine solchen Wagen dem Pflaster zugefügten Schaden.

Oft werden unsere Straßen, besonders im Frühjahre und Herbst, wegen mangelnder Reinlichkeit getadelt, auch wohl Beispiele anderer Städte angeführt, wo das Pflaster viel reinlicher gehalten würde, als hier.

Läge Weimar, wie diese und jene andere Stadt, in einem Sandmeere, dann würde dieser Tadel keinen Raum finden; aber der Boden unserer Stadt und der Umgegend ist von solcher Beschaffenheit, daß er sich bei nassem Wetter auflöst und zu Schmutz wird; auch bringt die lebhafte Passage, besonders an den Markttagen, durch die Wagenräder, die sich auf dem Pflaster reinigen eine Masse Schmutz in die Stadt, dessen Fortschaffung bei der ununterbrochenen Zufuhr kein Leichtes ist.

Um die Reinlichkeit in den Straßen zu erhalten, müssen die hiesigen Einwohner wöchentlich 2mal die Straßen kehren lassen; die öffentlichen Plätze und Hauptstraßen werden eben so oft durch die Züchtlinge gekehrt, und das Kehricht, sowohl von diesen, als auch durch das Wegebaugeschirre, aus der Stadt geschafft. Noch ein paar Geschirre bei dieser Arbeit anzustellen, würde ein ganz Leichtes seyn; aber zu ermitteln, woher die dazu vielleicht nöthigen 300 Thlr. jährlich genommen werden sollen, ist etwas schwieriger. – Außer dem Kehren der Straßen werden dieselben auch öfters mit Wasser abgespült, und der Schlamm in die Canäle der Lotte geschwemmt. Diese Art von Straßenreinigung hat jedoch doppelte Nachtheile, denn einestheils wird der Sand aus den Zwischenräumen der Steine hinweggespült und so auf die Zerstörung des Pflasters hingewirkt, und anderntheils werden die Canäle mit einer Masse von Schlamm angefüllt, welchen der nicht sehr starke Lottenbach wohl schwerlich insgesamt zur Ilm zu führen vermag. Es steht daher zu fürchten, daß unsern nächsten Nachkommen durch das Abschlämmen der Straßen große Kosten erwachsen werden.«[121]

Noch Mitte der dreißiger Jahre, so Henß weiter, war das Problem der Verbindungsstraßen nicht gelöst: »Recht wohl erinnern sich die Greise in unserer Mitte wie das Gras noch in den Straßen wuchs und höchstens ein halbes Dutzend Getreidewagen den ganzen Getreidemarkt bildete, so daß das hiesige Bäckerhandwerk beweglich bat, den Landbäckern den Getreideeinkauf auf hiesigem Markt zu untersagen, weil außerdem die zugeführten Vorräthe für ihr Bedürfniß (um 6000 Einwohner mit Brod zu versehen) nicht hinreichen würden. Erst seit 30 Jahren steht Weimar in einer (immer noch nicht vollendeten) Chausseeverbindung mit dem übrigen Deutschland. Früher waren die Wege von Weimar nach Erfurt und von Weimar nach Jena oft lebensgefährlich, und die Wege von Norden nach Süden (über den Ettersberg und nach dem Thüringer Walde) bei nasser Witterung fast gar nicht zu passiren.«[122]

Mit dem Bau der Thüringer Eisenbahn in den vierziger Jahren wurde dann das historisch herangereifte Transport- und Reiseproblem generell gelöst. Viel komplizierter jedoch – Henß wies darauf hin – war es um das städtische Straßenwesen bestellt, mit dem Fragen der Hygiene, der Volksgesundheit u.a. aufs engste zusammenhingen. Insgesamt befand sich das weimarische Post- und Straßenwesen in der gleichen katastrophalen Situation, wie sie für ganz Deutschland charakteristisch war.[123] Mit den jahrzehntelangen Bemühungen um die Verbesserung der städtischen Straßen stand die gleichzeitige Stabilisierung der Kanäle und der Wasserversorgung im Zusammenhang. Auch hierbei gelangen ab 1800 allmählich Fortschritte: die Abdeckung der Kanäle wurde fortgesetzt, zu den alten, in Dürrezeiten nicht ausreichenden Wasserleitungen und Röhrenfahrten kamen Pumpbrunnen hinzu, die städtischen Brunnen selbst wurden verziert und ihre Umgebung verschönert. Sogar der Lauf der Ilm wurde stellenweise reguliert, um das Holzflößen vom Thüringer Wald, aus der Umgebung von Ilmenau, aus den Berkaer und Blankenhainer Forsten nach Weimar zu verbessern und die Transportmengen zu erhöhen.[124]

Bis ins 19. Jahrhundert hinein blieben in Weimar die Portechaisen im Gebrauch, die aus Reputationsgründen gern benutzt wurden. Die Ausdehnung der Stadt erlaubte den Verzicht auf Fahrzeuge; in knapp 15 Minuten war der Ort in allen Richtungen zu Fuß durchquert. Dem Zeitgeschmack folgend, legten sich um die Jahrhundertwende dennoch viele Vermögende eigne Gespanne und Kutschen zu. Adlige Herren vom Hofe erwarben die eleganten ›Phaetons‹ oder sogenannte Postzüge, d.h. vierspännige Fahrzeuge mit Vorreiter und Postillon; auch Goethe schaffte sich 1798 eine eigene Equipage an.

Gassen und Gossen, Müll und Mist

Hygiene

Was verloren worden. Es ist heute Morgen ein silberner Theelöffel, mit Wasser auf die Straße geschüttet worden; Wer ihn gekauft oder gefunden hat, wird gebeten, ihn gegen eine kleine Vergütung an die Expedition W. abzuliefern. *WWA, Nr. 83, 29. September 1805*

Kam ein Reisender aus Jena nach Weimar, so bot sich ihm auf dem östlich vor der Stadt liegenden Lindenberg ein Eindruck, wie er um 1800 von Friedrich von Oertel geschildert wurde: Nach anderthalbstündiger Fahrt habe er das Webicht erreicht, ein Waldstück vor Weimar, »in welchem Alleen und Spaziergänge angelegt sind, die wegen ihrer Einsamkeit viele Reize haben«. »Sobald man ihn durchgefahren, sieht man Weimar vor sich im Ilmenthale liegen, hinter der Stadt die Gelmeröder Berge, rechts den ziemlich hohen Ettersberg, und links das Lustschloß Belvedere. Die Stadt selbst präsentiert sich ganz, aber nicht sehr vorteilhaft zeichnet sich beim ersten Anblick das vom Herzog Wilhelm dem 4ten erbaute Schloß, die Wilhelmsburg, aus. Vielleicht gewinnt es, nach Vollendung des ganzen langsamen Baues, ein besseres Ansehn. Der jetzige Baumeister des Schloßes ist Arns in Hamburg. . . . [–] Die Stadt selbst hat ein artiges freundliches Ansehen, ist reinlich, gut gepflastert, und des Nachts mit 500 Laternen erleuchtet.«[125]

Ähnlich sah Friedrich Albrecht Klebe um diese Zeit das Residenzstädtchen. Komme man von außen, biete die Lage von Weimar viel Angenehmes: »Es liegt in einer lachenden fruchtbaren Gegend, die sich hier und da in reizende Hügel erhebt, welche mit Gebüschen bedeckt, oder als Felder angebaut sind.« Besonders das sommerliche Tal der Ilm und der dort befindliche Park, »der Weimar so viel Annehmlichkeit gibt«, erschienen dem Fremden erwähnenswert. »Das Innere der Stadt sticht nun freilich gegen diese lachenden Umgebungen ab. Krumme Straßen durchziehen sie nach allen Richtungen, und die Häuser, welche meistens nur zwei, selten drei Stockwerke haben, zeugen von dem Alter dieses Orts. Indessen haben sie, im Äussern wenigstens, in den letzten Jahren etwas gewonnen. Sie sind meistens neu abgeputzt und angestrichen. [–] Die öffentlichen Plätze sind nicht besser, als die Marktplätze mancher kleinen Landstadt, der Markt ist ein sehr unregelmäßiges Viereck, das sich durch nichts auszeichnet. [–] Das Pflaster in den Straßen hat sich ebenfalls gebessert, und eine gute Polizei sorgt dafür, daß es immer reinlich erhalten werde. Unter den Straßen gehen bedeckte Kanäle, die bei Feuersbrünsten von wesentlichem Nutzen sind. Am Ende der vier Hauptstraßen, die nach dem Topfmarkt führen, sind zu beiden Seiten hohe Steine angebracht, an welchen starke Ketten befestigt sind, die des Sonntags während der Predigt in der Hauptkirche quer vor die Straßen gezogen werden, so daß kein Fuhrwerk über den Topfmarkt fahren kann. Im Winter werden die Straßen Abends durch Laternen erleuchtet.«[126]

Auch die Einheimischen prägten dieses überwiegend freundlich-idyllische Bild in ihren Erinnerungen mit. Heinrich Schmidt schrieb über seine Kinder- und Jugendzeit in der Musenstadt: »Es war eine vielbewegte, reichhaltige, reizende Jugendzeit, die meinige damals in Weimar, meiner Vaterstadt – in den letzten achtziger und ersten neunziger Jahren des vergangenen Säculum, und wenn ich jetzt nach sechsundsiebzig Jahren daran zurückdenke, tritt mir das damalige Leben in Weimar wie ein ins Licht hervorgehobenes merkwürdiges Traumgebilde entgegen; ja je weiter ich mich der Zeit nach davon entferne, um so anregender und anziehender erscheint es mir. – Die Stadt selbst – diese wenigen Häuser – nicht tausend beieinander – meist sehr unansehnlich – denn auch die Bauart der Wohnhäuser selbst ist dürftig und kleinlich; schwache Mauern, fast durchgängig nach alter Weise mit Gebälk durchzogen, fast überall hölzerne Stiegen, selten Winterfenster, wiewol die Kälte im Winter groß ist; die Häuser bald groß, bald klein, willkürlich aneinander gereiht, daher auch die Gassen und Gäßchen wenig regelmäßig, meist eng und beengend; die öffentlichen Gebäude – etwa das neuerbaute Schloß, die Stadtkirche, das Rathaus, das Theater ausgenommen – von geringer Bedeutung. Und doch ist's jetzt noch des Deutschen Ruhm, daß Weimar eine deutsche Stadt ist.«[127]

Bereits 1799 jedoch hatte Joseph Rückert völlig richtig erkannt, daß man die schon existente ›Legende von Weimar‹ säuberlich von Weimarer Lebensrealität trennen müßte: »Die Stadt selbst, das innere Weimar, zeichnet sich weder durch Größe noch durch den Geschmack aus, der es bewohnt, Weimar erscheint in diesem Stücke wie seine Genie's, die wenig auf das Äußere halten. Doch erblickt das Auge hier allenthalben Reinlichkeit und Ordnung; und wenn auch der Geschmack durch die Gestalt dieser kleinen Stadt eben nicht erfreut wird, so stößt er doch auch nirgend auf etwas, das ihn beleidigen könnte. Dem wallfahrenden Kunstjünger, dem enthusiastischen Freunde der Musen geht bei seinem Eintritt in diese Stadt eine Zauberin voran. Ihm erscheint Weimar herrlich, wie das schöne Heiligtum der Musen, wie ein strahlender Tempel des Ruhms, aus dem ihm Göttergestalten entgegenschweben, in deren Glanz er geblendet geht. Aber daran haben, wie gesagt, Bauart, Häuser, Straßen und Verziehrungen keinen Teil; dies ist das körperliche, jenes das poetische Weimar, das der Eintretende im Geist anschaut.«[128]

Wie sah es also wirklich aus, das »körperliche« Weimar? Tatsächlich waren die Straßen der Stadt nachts manchmal erleuchtet. Schon um 1750 existierten etwa 250 mit Fischtran betriebene Wandlaternen, 1788 sollen es bereits 361 Brennstellen gewesen sein.[129] Es gab jedoch unentwegt Klagen, da immer wieder Beschädigungen zu verzeichnen waren und die Bürger ihren finanziellen Verpflichtungen für das Betreiben der Stadtbeleuchtung nur säumig nachkamen bzw. die Schuldenlast der Kommune eine wirksame Unterstützung des Laterneninstituts verhinderte. Nach Adam Henß war angestrebt, alle 50 bis 100 Fuß des Nachts eine Laterne brennen zu lassen. 1824 wurden nach Pariser Vorbild Laternen mit 2 bis 4 Refraktoren eingeführt, und bereits

1837 gab es knapp 200 z. T. vierlichtrige Schwebelaternen.[130] Daß dennoch oft auf die alte, gängige Handlaterne zurückgegriffen werden mußte, beweist ein Brief Johanna Schopenhauers an ihren Sohn Arthur vom 8. Dezember 1806, in dem sie von den regelmäßigen Besuchen Goethes in ihrem Teezirkel berichtet: »Zu mir hat er sich ganz gewöhnt, er kommt Donnerstags und Sonntags als ob es so seyn müßte, so lange Weimar steht hat er das nirgends gethan, des Abends sticht er eine kleine Handlaterne an und geht wohlgemuth zu Hause, denke dir Göthen mit der Handlaterne . . .«[131]

Neben der Beleuchtung war die Sauberhaltung der engen, winkligen Straßen ein permanentes Problem, desgleichen der Abtransport von Siedlungsmüll, Mist und Fäkalien. Daß die Straßen sowieso unentwegt von durchziehenden Tierherden und von trotz Verbot gehaltenen Tieren wie Hühnern, Gänsen, Enten und Ziegen verunreinigt wurden, ist bereits angedeutet worden. Darüber hinaus sah sich die Stadtverwaltung immer wieder genötigt, gegen die große Anzahl von Hunden in der Stadt Maßnahmen zu ergreifen, da besonders bei den regelmäßig auftretenden Tollwutfällen herrenlos herumstreunende Tiere, die in den Abfällen ihre Nahrung suchten und fanden, zu einer großen Gefahr für Mensch und Tier wurden.

Zweimal wöchentlich hatten die Bürger Weimars die Straßen zu fegen. Da bis 1830 die ›Lotte‹, ein kleiner Bach, frei durch die gangbarsten Straßen floß – lediglich ›Schrittsteine‹ verbanden die gegenüberliegenden Häuser[132] –, lag es nahe, daß der zusammengefegte Kehricht kurzerhand in den Bachlauf geschoben wurde. Abgesehen davon, daß so ein günstiger Lebensraum für Ratten geschaffen wurde, ergaben sich aus dieser Unsitte Probleme für die Kanalisation nach 1830. Henß schrieb: »Unser so nützlicher Lottenbach war die Veranlassung einer viele Tausende betragenden Ausgabe, die der Pflastercasse eine tiefe Wunde schlug. Die versteinernde Eigenschaft dieses Wassers hatte den leider! so oft in die Canäle geworfenen Kehrigt zu einer festen, steinartigen Masse verbunden und die Sohle der Canäle so bedeutend erhöht, daß bei dem geringsten Regengusse das austretende Wasser hier und da in die Keller der an seinen Ufern stehenden Häuser trat.«[133]

Größere Mengen Abfälle wurden von manchen Bürgern einfach auf wilde Müllplätze gebracht, so daß oft der Stadtrat einschreiten mußte. 1819 beispielsweise wurde die folgende ›Warnung‹ in die Zeitung eingerückt: »Das ungebührliche Aufhäufen von Dünger, Asche und Schutt vor dem Jacobsthor, am Asbach, kann ferner nicht gestattet werden, weil es eines Theils ein Uebelstand ist, andern Theils aber durch den Abfluß von Dünger die Straße verdorben wird. Es erhalten daher alle diejenigen, welche Dünger und Aschenhaufen daselbst liegen haben, hiermit Anweisung, bei Vermeidung von 1 Thaler Strafe solche binnen acht Tagen wegschaffen zu lassen, auch wird das fernere Anfahren von Dünger, Asche und Schutt hiermit bei ebenmäßiger Strafe verboten, und zugleich bekannt gemacht, daß aller Schutt auf den Graben, zu Erfüllung der Teiche, zu transportiren ist.«[134] Mit der Verfüllung und Einebnung des Stadtgrabens in diesen Jahren wurde zugleich ein übelriechender Pfuhl in unmittelbarer Stadtnähe beseitigt. Karl Gräbner erinnerte sich noch im Jahre 1830 an die »mephitischen Dünste« in diesem Gelände, wo später Gebäude errichtet und Akazien gepflanzt wurden.[135]

Ein weiteres Beispiel für Verunreinigungen – die Reihe ließe sich leicht fortsetzen – war 1814 am Erfurter Tor zu finden: »Die Eigenthümer des unweit des Erfurterthores aufgefahrenen Mistes und Gassen-Kehrichts werden hiermit aufgefordert, denselben spätestens binnen hier und 8 Tagen von dort weg und auf die Felder schaffen zu lassen, widrigenfalls solcher alsdann an Denjenigen, welcher ihn in kürzester Zeit wegzuschaffen sich verbindlich macht, überlassen werden soll.«[136]

Sehr konsequent klingt diese polizeiliche Aufforderung nicht, und es liegt die Vermutung nahe, daß es die Obrigkeit hier mit einer festeingefahrenen Gewohnheit der Bürger zu tun hatte, der schwer zu steuern war. Das traf auch zu für das gebräuchliche Ausgießen der Nachtgeschirre aus den Fenstern im Schutze der Dunkelheit. 1774 wurde diese ›Unflätereiι auf die Zeit nach 23 Uhr eingeschränkt, 1793 dann endlich ganz verboten.[137] Ähnliche Probleme bereitete das Leeren der privaten Kloaken und Abtrittgruben. Das Gassenreglement schrieb streng vor, daß menschliche Exkremente nur nachts, zwischen Mitternacht und Sonnenaufgang, abtransportiert werden sollten; diese beschwerliche und lästige Vorschrift wurde aber häufig umgangen, indem man – »zum großen Abscheu des Publikums« – dergleichen Unrat mit Viehmist vermischte, den am Tage durch die Stadt zu transportieren erlaubt war.[138] Das Androhen von Strafen hatte wohl auch in diesem Falle nicht immer den gewünschten Erfolg.

Die Versorgung der Stadtbevölkerung mit dem nötigen Trink- und Brauchwasser war gleichfalls nicht leicht. Als um 1800 eine Wassernot eintrat, da die Röhrenfahrten nicht mehr ausreichten, wurden zusätzlich Pumpbrunnen angelegt. Außerdem existierten im Stadtgebiet fünf Quellbrunnen, die zur Trinkwasserversorgung der Bevölkerung genutzt wurden. Die Parkquellen lieferten dagegen lediglich Brauchwasser.[139] Um das Einfrieren der lebensnotwendigen Wasserstellen zu verhindern, deckte man die Brunnen im Winter mit Pferdemist ab, der dann im Frühjahr von der Stadt verkauft wurde. Noch 1828 war zu lesen: »Der Pferdedünger, womit die hiesigen Stadtbrunnen den Winter über umgeben gewesen sind, soll künftigen Donnerstag, als den 27. d. M. an die mehrestbietenden gleich baare Zahlung leistenden Kaufliebhaber gelassen werden, wozu sich dieselben genannten Tag, Nachmittags 2 Uhr, an dem Brunnen auf dem Frauenplan einzufinden haben.«[140] Gelegentlich kam es zur gedankenlosen Verschmutzung öffentlicher Brunnen durch Hineinwerfen von Gassenkehricht, Steinen, alten Lappen und sogar toten Tieren.[141]

Derartige hygienische Bedingungen in einem städtischen Gemeinwesen waren zur damaligen Zeit die Regel. Wie überall in den Städten Europas führten die Bürger auch in Weimar einen ständigen Kampf gegen Wanzen, Flöhe, Ratten und andres Ungeziefer, das die durch den Menschen verursachten Unreinlichkeitsherde bevölkerte. Kammerjäger und wohlmeinende Ratgeber, aber auch Scharlatane nahmen sich dieser Übel an. So versprach der »reisende Hirsch Salomon, z. Z. einlogirt im ›Adler‹«, für 10 Groschen binnen 15 Minuten alle Wanzen in Bettstellen oder Zimmern »zu vertreiben und auszurotten, daß solche niemals wiederkommen«,[142] und ein anderer bot an, »ein wahres Mittel gegen die Erdflöhe ... ohne alle Verbindlichkeit jedermann mündlich mitzuteilen«[143]. Beim Großreinemachen im Hause Goethe atmete Christiane jedesmal erleichtert auf, wenn die hygienische Generalrevision der Räumlichkeiten keine Wanzen ans Tageslicht gebracht hatte; wie oft sich der Hausherr vor diesem Ungeziefer aus den Gasthausbetten hat flüchten müssen, ist in der Korrespondenz Goethes an vielen Stellen nachlesbar.

Öffentliche Badeanstalten gab es in der Stadt, doch scheinen sie nicht übermäßig besucht worden zu sein. Die Bader warben aus gutem Grund vor allem mit der Sauberkeit ihrer Einrichtungen, so z. B. Heinrich Müller für seine Badeanstalt in der Niedermühle im Jahre 1819: »Einem hohen und verehrten Publikum mache ich ergebenst bekannt, daß die bisher in der Niedermühle bestandene Badeanstalt von mir aufs neue in guten Stand gesetzt worden ist, und daß ich mich bemühen werde, die verschiedenen Arten von Bädern unter Aufsicht eines Arztes, gut bereiten und die größte Reinlichkeit beobachten zu lassen.«[144]

Über viele Jahrzehnte hin bereiteten die herrenlosen Hunde in Weimar große Sorgen. Fast kein Jahr verging ohne Tollwutfälle; Klagen über die »Zahl der unnützen Hunde in hiesiger Stadt«, die sich »wirklich zur Ungebühr vermehrt« hätten,[145] finden sich immer wieder. Bei Auftreten von Tollwut wurde ein allgemeines Hundeverbot – bei 5 Taler Strafe – ausgesprochen, doch hatten es die »Cavillerknechte«, die die streunenden Hunde einzufangen hatten, schwer, ihr Amt auszuüben. Ihre Tätigkeit galt in der Öffentlichkeit wie die des Henkers als unehrenhaft; noch 1819 mußte der Stadtrat Strafen androhen, da die zur Tollwutbekämpfung eingesetzten Stadtknechte »auf alle mögliche Art gestört, geschimpft und sogar mit Steinwürfen und Schlägen bedrohet«[146] worden seien. Die in der Zeitung veröffentlichten Beiträge darüber, wann und wodurch es zum Ausbruch der schrecklichen Krankheit bei den Tieren komme, stellen ein wichtiges Zeitdokument dar, beweist es doch, daß bei aller Aufklärung die naturwissenschaftlichen Kenntnisse oft noch sehr gering waren. 1789 hieß es etwa belehrend: »Nach harten Wintern bekommen wir gewöhnlich die meisten tollen Hunde. Wenn nehmlich die Hofhunde in kalten Nächten im Freien liegen müssen, so schlägt ihnen die Kälte im Kopf, daß sie davon rasend werden. Die Tollheit bricht bey ihnen am Ende des Februars, im März, auch wohl noch später hervor, weshalb man die Hunde von solcher Zeit an recht beobachten muß, besonders wenn sie ihre Freßbegierde verlieren, oder nicht mehr so fröhlich sind, als zuvor.«[147]

Diese und weitere hygienische Bedingungen sind zu bedenken, wenn man Berichte über die »idyllischen« Verhältnisse des damaligen Weimars aus der verklärenden Sicht der Erinnerung vor Augen hat. Mit August Heinrich Hoffmann von Fallerslebens Reminiszenzen sei hier der Schlußpunkt gesetzt: »Weimar sah ich zuerst als Student im J. 1818 und dann nach einem langen Zeitraume im J. 1842. . . . in der anspruchslosen Umgebung fand ich mich bald heimisch, und die Residenzstadt mit ihrer Bevölkerung ward mir lieb und werth. Es wandelt sich ganz gut auf dem leidlichen, aber reinlichen Pflaster, man wird nirgend behelligt von Pferdegetrampel und Wagengerassel und von einem wühligen Menschengedränge; auch vermißt man recht gern so Manches, was einen in andern Städten oft unangenehm berührt oder belästigt. Ich habe nie einen leer stehenden Wagen auf der Straße bemerkt, an dem nicht bei Eintritt der Dunkelheit eine Laterne hing, habe nie einen betrunkenen Menschen, nie eine Schlägerei oder Rauferei gesehen, nie einen pöbelhaften Lärm gehört, nicht einmal den sonst pflichtmäßigen Ruf des Nachtwächters oder sein schreckenerregendes Horn und bin in der Stadt nie einem Leichenzuge begegnet. Vornehm und Gering ging anständig seines Weges, war fast immer freundlich, artig und höflich, und schien Wohlgefallen zu haben an der schönen Natur und Kunst und sich gern im Freien zu ergötzen. Es machte einen wohlthuenden Eindruck, wenn man sah, wie alle öffentlichen Anlagen geschont wurden, wie jede Blume, jeder Strauch und Baum vor Frevel sicher war, und wie sogar die Vögel bei Schnee und Kälte sich der liebenden Theilnahme unserer Nachbarn zu erfreuen hatten und täglich ihr Mittagsmahl empfingen. [–] Daneben war nun freilich viel Philisterei und Residenzlerei, und im Bürgerstande viel Zopf; der Zunftzwang und das Privilegium hemmten alle freie Bewegung und allen Mitbewerb im Handel und Verkehr und hielten allen Unternehmungsgeist nieder.«[148]

Arme und Irre, Kranke und Quacksalber

Volksgesundheit

Zur Nachricht. Zum Besten der hiesigen Armen wird auf dem hiesigen Hof-Theater, von der Bellomischen Gesellschaft aufgeführt werden DIE OFFENE FEHDE. Diejenigen, welche zum Wohlthun geneigt sind, werden andurch zu dieser wohlthätigen Comödie eingeladen, Billets können von Nachmittags 2 Uhr an beym Alm[osen] Ein[nehmer] Wallbach abgeholt werden. Weimar, den 20ten März, 1789.

WWA, Nr. 23, 21. März 1789

Die medizinische Betreuung der Bevölkerung in den Jahren vor und nach 1800 stand auf einem denkbar niedrigen Niveau. Nur in den begüterten Familien, die eigene Hausärzte bezahlen konnten, gab es regelmäßige ärztliche Visiten im Hause. Bedingt durch die sanitären, hygienischen und vor allem sozialen Verhältnisse der Mehrzahl der Stadtbevölkerung waren Massenerkrankungen nicht selten und griffen meist verheerend um sich. Unzureichende Ernährung, Heizung, Bekleidung usw. verminderten die Widerstandsfähigkeit der einfachen Menschen und begünstigten die Ausbreitung von Krankheiten. Mangelhafte Kenntnisse und z.T. unzulängliche medizinische Behandlung trugen zu einer vergleichsweise hohen Sterberate bei, die allerdings durch eine hohe Geburtenrate wieder ausgeglichen wurde. Erst 1763 regte Anna Amalia an, beamtete Ärzte einzustellen, eine allgemeine Gesundheitspflege einzurichten und Hebammen auszubilden.[149] Wenn Krankheiten grassierten, starben vor allem kleinste und kleine Kinder. In einem Brief an Karl Ludwig von Knebel beschrieb Luise von Göchhausen das endemische Auftreten der Grippe 1782 in Weimar: ». . . denn würcklich zweifle ich, ob Ihre Imagination hinreicht, sich all den Jammer, wo mit die Untergötter uns heimzusuchen Macht erhalten haben, vorzustellen. Da ist eine verruchte Seuge loßgelaßen, die ein unseliger Sturm von Astracan über ganz Deutschland gejagt haben soll, und deren Geißel kein Menschen Kind entgeht.« Im Sommer 1805 traten in Weimar die Blattern auf; stellvertretend für viele solche Anzeigen sei auszugsweise die Liste der ›Beerdigten bei der Stadt-Gemeinde‹ für mehrere Tage wiedergegeben: »Den 12ten Jul. Johann Georg Heyne, Fürstl. Postillons, einziges Söhnlein, Johann Christoph, alt 5 Jahr. Den 15ten Jul. Johann Jacob Bucher, Fürst. Quadrateurs, jüngstes Töchterlein, Maria Jakobine, alt 8 Monate . . . den 17ten Jul. Mstr. Wilhelm Andreas Körschner, Rad- und Stellmachers, jüngstes Söhnlein, Johann Christian Elias, alt 6 Monate . . . Den 18ten Jul. Mstr. Georg Gottfried Zeunemann, Zeug- und Leinewebers, jüngstes Söhnlein, Heinrich Ludwig Michael, alt 6 Jahr 2 Monate.»[151]

Für den April 1819, einen ganz normalen Monat, in dem keinerlei Krankheiten gehäuft auftraten, wurden folgende Todesursachen bei den Gestorbenen aller Altersgruppen angegeben: Lungensucht, Nervenfieber, Nervenschwäche, Schwäche, Krämpfe bei Kleinstkindern, Brustfieber, Nervenschlag, Brustwassersucht, Knochenfraß, Wochenbett, Totgeburt, Zahnen, Auszehrung, Blatterrose, Faulfieber, Wurmbeschwerden.[152]

Angesichts dieser mannigfachen Krankheiten und dem zu jener Zeit häufigen Versagen ärztlicher Kunst, nicht zuletzt aber auch deshalb, weil ein Arzt gar nicht hätte bezahlt werden können, ließ der einfache Mann häufig die Natur entscheiden. Ein ironisch-satirisches Gedicht von 1759 geißelte das Unvermögen der Mediziner (allerdings stellt sich am Ende die Eitelkeit der ›schönen Sulpitia‹ als die ›Krankheitsursache‹ heraus).

Sulpitia! erst sollst du schwanger seyn?
Nun sollst du gar die Blattern kriegen?
Ihr Aerzte schweigt, und gebt ihr gar nichts ein,
Denn einer muß sich doch betrügen.
Nein, überlaßt sie der Natur
Und dem ihr so getreuen Bette;
Gesetzt, daß sie die schlimmste Krankheit hätte:
So ist sie nicht so schlimm, als eure Kur.[153]

Expektoranzien, Schröpfköpfe, Senfpflaster, heiße und kalte Wickel, Branntwein – das waren einige der landläufigen Methoden und Mittel, die die Ärzte bei vielen Krankheitssymptomen anwendeten. Karl von Lyncker wußte zu berichten, daß in den ›besseren Häusern‹ die Hausärzte allen Familienmitgliedern vierteljährlich ein prophylaktisches Abführmittel verordneten, das »aus einer Portion Rhabarber oder wenigsten eines Wiener Mannatränkchens bestand.«[154] Allerdings wurde in Weimar bereits um die Jahrhundertwende, auf freiwilliger Basis noch, gegen bestimmte Krankheiten, z.B. die Pocken geimpft. Der Engländer Edward Jenner hatte das Verfahren, mit Kuhlymphe Menschen zu immunisieren, entwickelt; 1799 wurde in London die erste öffentliche Impfanstalt eingerichtet.[155] Auf dem Kontinent gab es aber noch viele Vorbehalte; selbst Kant sprach von ›Einimpfung der Bestialität‹. Der Weimarer Arzt Dr. Schwabe wies in Inseraten häufig mit folgenden Worten auf die Möglichkeit einer Schutzimpfung hin: »Da ich jetzt wieder mit frischer Schutz-Pockenmaterie versehen bin, so mache ich solches denen Eltern auf dem Lande, welche ihre Kinder von mir impfen lassen wollten, hierdurch versprochenermassen bekannt.«[156]

Welch aufopferungsvolle Arbeit, die wirklicher selbstloser Dienst im Sinne der Humanität war, ein praktischer Arzt Ende des 18. Jahrhunderts leisten mußte, lassen die Worte Christoph Wilhelm Hufelands erahnen: »Mein praktisches Leben in Weimar war in der That viel mühseliger, als es sich mancher praktische Arzt jetzt denken kann. Nicht allein nämlich mußte ich von früh bis Abends zu Fusse herumlaufen, denn Weimar gehört zu den Mittelstädten, zu klein, um darin herumzufahren, und doch zu gross, um zu Fusse sich nicht recht sehr zu ermüden; sondern es kam nun noch die Landpraxis dazu. Bald schickte ein Pächter, bald ein reicher Bauer, oder ein Landpastor oder ein Gutsbesitzer einen Wagen, oder nur ein Pferd, oft ein schlechtes, um ihn zu besuchen; zuweilen 4–5 Meilen weit, am häufigsten jenseits des Ettersberges, nach Schwerstädt, Krautheim, Vippach, Brembach, Cölleda, Beichlingen, Wihe, Heldrungen bis Mönchspfiffel, wo ich dann bei den damaligen abscheulichen Wegen und im Winter oder Frühjahr bei Thauwetter oft in Lebensgefahr gerieth. Und das Allerbeschwerlichste war, dass ich zugleich, nach der damaligen fast allgemein herrschenden Sitte, die Arznei selbst geben und also zum Theil den Apotheker machen musste. Wenn ich also mit den Krankenbesuchen fertig war, so musste ich nun noch Decocte, Pulver, Pillen machen und selber dispensiren, und, was mir noch beschwerlicher war, Abends 9 Uhr, oft mit völlig ermüdetem und erschöpftem Körper, mich hinsetzen und in die Krankenbücher die täglich verabreichten Arzneien eintragen, um zu Ende des Jahres oder der Krankheit die Rechnung machen zu können.«[157]

Zahnärztlich versorgt wurden die Weimarer ausschließlich durch Wandermediziner. Im Jahre 1759 war in einer Annonce zu lesen: »Dem Publico wird hierdurch bekannt gemacht, daß voritzo der geschickte Mund- und ZahnArzt, Hr. Johann Georg Keimling, sich allhier befindet, dessen Geschicklichkeit hauptsächlich in Ausnehmung der abgebrochenen Schiefer und Stifter bestehet; und der ausserdem die hohlen Zähne künstlich zu kauterisiren und mit einem besondern Metall auszufüllen weis; nicht minder neue durch Kunst gemachte Zähne einsetzet, und alle schwarze und gelbe Zähne renoviret, und sonst verschiedene Remedia wider den Scharbock, Laichdorn und Hüner Augen bey sich führet. Er logiret in dem Schröterschen Hinterhause hinter der Badestube.«[158] Im Jahre 1786 muß die Zahnheilkunde einen großen Sprung nach vorn vollzogen haben, sofern man folgender Anzeige Glauben schenken will: »Mit gnädigster Erlaubnis ist allhier angekommen der berühmte Zahn- und Mundarzt Justus Christoph Thieme. Er besitzet das noch nie erfundene Mittel für Heilung der Zähne, worinnen er sich Meister nennt. 1. nimmt er auf eine subtile Art alle Wurzeln, Biber- und Fistel-Zähne aus dem Munde, 2. Zähne, die herausgenommen sollen werden, suchet er auf eine künstliche Art zu erhalten und plombirt selbige mit Gold oder Silber oder mit gezogenem Blei. 3. setzet er wiederum Zähne ein, nach der Natur, es mögen sein 1 oder 2 Zähne, ganze oder halbe Gebisse, die weiß er auf eine künstliche Art zu bearbeiten, daß man selbige von den natürlichen nicht unterscheiden kann. 4. saubert er die Zähne mit feinen Instrumenten, daß die Glasur keinen Schaden leidet, in Zeit einer Viertelstunde, und müssen wiederum wie Elfenbein aussehen. 5. ist auch bei ihm zu haben das englische Zahnpulver, die Zähne damit weiß zu machen. 6. ein Zahn-Opiat vor den Brand der Zähne. 7. eine Zahntinktur zum Wachstum des Zahn-Gebisses, wann sich's auch gänzlich von den Zähnen heruntergelassen hat, dasselbige wiederum wachsend zu machen. 8. ein Zahnstein, welcher dient vor alle Schmerzen der Zähne, ehe eine halbe Stunde vergehet, muß sie keine Schmerzen mehr haben und brauchen selbige nicht herausgenommen zu werden. 9. Oben gemeldeter Zahnkünstler wird respektive hohen Herrschaften nach Verlangen in Dero Häusern aufwarten. Sollten auch vollständige Zahn-Apotheken verlanget werden, so belieben es Dieselben nur einen Tag vorhero zu bestellen. Armen und geringen Personen hilft er umsonst. Sein Logis ist allhier im ›Elephanten‹. Man hat sich alle Verschwiegenheit zu getrösten und ein apartes Zimmer zur Operation.«[159]

Weitere drei Jahrzehnte später, im Jahre 1819, hatte Weimar noch immer keinen eigenen Zahnarzt, und man mußte warten, bis sich einer der reisenden Dentisten in der Stadt zeigte. Wie das folgende Beispiel beweist, war die Palette angebotener medizinischer Dienste keineswegs kleiner geworden: »Zahnärztliche Anzeige. Einem hiesigen geehrten Publikum, so wie allen meinen geschätzten Gönnern und Freunden, zeige ich hierdurch meine Ankunft an, und bemerke zugleich, daß ich ein Magazin sehr bequem zu tragender Bruchbänder bei mir führe, und daher Leidenden dieser Art damit dienen kann. Meine Wohnung ist in dem Gasthof zum Elephanten, zwei Treppen hoch, No. 12. W. Stentzel, Zahnchirurgus aus Leipzig.«[160]

Seitens der Obrigkeit versuchte man, den vorbeugenden Gesundheitsschutz durch Hinweise, Verhaltensmaßregeln und zeitweilige Verbote zu verbessern. Wenngleich manche dieser Maßnahmen heute ein Lächeln hervorrufen, darf doch die gute Absicht keineswegs verkannt werden. Im Jahre 1789 wurden zwei neue Mittel nach dem Biß toller Hunde empfohlen: »Man zerquetsche Knoblauch, und reibe damit die Wunde so lange als möglich ist. Dann zerstoße man Klettenwurzel, vermische den Saft davon mit Küchensalz, mache eine Art Pflaster daraus, und lege es auf die Wunde. Mit diesem Mittel fähret man wenigstens 8 Tage lang fort und legt es alle Tage frisch auf.« – »Man siede weisse Zwiebeln und Rauten in einem Quart Weinessig, und wasche damit die Wunde des Tages öfters; dabey lasse man den Patienten weisse rohe Zwiebeln so lange geniessen, bis er in einen tiefen Schlaf verfällt. Beyde Mittel sollen niemals fehl geschlagen haben, wenn sie bey Zeiten angewendet worden.«[161]

Im Jahre 1775 wurden Verhaltensmaßregeln zum Schutze gegen die in der Stadt grassierende Ruhr veröffentlicht; so durften u.a. die Notdurftgeschirre nicht wie sonst auf den Mist ausgeleert werden, und Kranke sollten nicht die gleichen Nachtgeschirre wie die Gesunden benutzen.[162] Das richtete sich vor allem an den unwissenden und ärmsten Teil der Stadtbevölkerung. Die folgende Verordnung des herzoglichen Polizei-Collegiums von 1814 dagegen galt für jedermann: »Da die Nervenfieber-Epidemie jetzt in hiesiger Stadt fast gänzlich aufgehört hat, so wird das an sich unschickliche, als Vorbeugungsmittel dagegen aber für einige Zeit erlaubte Tabacksrauchen in den Straßen der Stadt und in dem Herzogl. Park hiermit bei 1 Thl. Strafe wieder verboten.«[163] In späteren Jahren ging die Stadtverwaltung auch im Falle des Impfens autoritär vor. Als 1828 durch einen reisenden Handwerksgesellen die Blattern nach Weimar eingeschleppt worden waren, wurde dieser sofort ins Siechhaus eingewiesen, und der Stadtrat dekretierte die Zwangsimpfung aller noch nicht »Geimpften ohne Berücksichtigung etwaigen Widerspruchs«. Die gesamte Bevölkerung unter 25 Jahre wurde dazu vom Stadtsyndikus gestaffelt aufs Rathaus beordert, um einen Impfschein oder die Impfnarbe vorzuweisen.[164]

Ein lohnendes Tummelfeld für Scharlatane und Halbkönner waren die medizinischen Grauzonen. Bei Volksleiden wie Hühneraugen, Frostbeulen, eingewachsenen Nägeln ließ sich dem ahnungslosen Bürger oder Bauern mit Geschick und Überredungskunst Geld aus der Tasche ziehen. Das Angebot reichte von einer guten »Tinctur für die Sommersprossen und Leberflecken«[165] über »aromatisches Mundwasser . . . zum Besten der Zähne und des Zahnfleischs« (pro Glas 10 Groschen)[166] bis hin zu ausgefeilten Ankündigungen und Empfehlungen, die mit suggestiver Kraft baldige Genesung von allen möglichen Leiden verhießen: »Die Unterzeichneten empfehlen sich bei ihrer Durchreise einem hohen Adel und verehrten Publicum, binnen weniger Minuten Hühneraugen oder Leichdornen, so wie auch Frostbeulen und die ins Fleisch eingewachsenen Nägel, auszurotten. Die Wurzel der Hühneraugen wird ohne Messer, ohne Blutverlust, durch eine bis jetzt in Deutschland nicht bekannte Operation, ohne Schmerzen, vermittelst einer silbernen Nadel ausgehoben, und der geringe Preiß erst nach gehobenem Uebel bezahlt. Armen wird unentgeltlich geholfen. Auch können wir Warzen binnen wenig Minuten ausrotten. Man trifft uns Vormittags von 7–9 Uhr, Mittags von 12–2 Uhr, dann von 4 Uhr an den ganzen Abend. Unser Logis ist in der Sonne No. 27. Auf Verlangen kommen wir auch in die Wohnungen. Unser Aufenthalt ist nur eine kurze Zeit. M. Moritz und Johanne Moritz.«[167]

Auch Weimarer Bürger beteiligten sich am offenbar einträglichen Vertrieb von Arzeneien und Wundermitteln, so z. B. die Witwe des Kaufmanns Horny: »Der beliebte Schmidtsche Flußschnupftabak, welcher im Sausen und Brausen der Ohren, Verstopfung und üblen Gehör sehr gut ist, von dessen Wirkungen sich jedermann ohne Kostspieligkeit durch eine Probe überzeugen kann, das Schächtelchen zu 1 gr. 8 Pf.; desgleichen das Schmidtsche Augenwasser, welches die Hitze, Röthe, Thränen, Drucken, Jucken, Schwachheit und Blödigkeit der Augen mindert, die Sehnerven stärket und das Gesicht erhält, das Glas zu 2 gr. und 6 pf. ist bei der Witwe Horny in Weimar in der kleinen Windischen Gasse, und bei dem Notar Schmidt in Leipzig im Schuhmachergäßchen No. 569 zu bekommen.«[168] Natürlich kam es auch zu Nachahmungen gern gekaufter ›Wundermittel‹, vor deren Kauf und Gebrauch dann der Originalhersteller öffentlich warnte. Ein Beispiel sei – des Kuriosums halber – als letztes zitiert: »Den Schützischen Gesundheitstaffent betr. Schon oft ist mir durch kranke Personen aus mehrern Gegenden Deutschlands, sogenannter seyn sollender Gesundheitstaffent mit der Anfrage zugesendet worden, ob dies wirklich ein von mir verfertigter älterer Gesundheitstaffent sey, weil seine Wirkung der Absicht nicht entspräche. Da nun derselbige, wie schon der Augenschein lehrt, aus nichts andern, als Mousselin, und einem Gemische von Firnis und Erdfarbe besteht, so kann er nicht nur keinen erwünschten Erfolg bewirken, sondern es werden auch die Käufer betrügerisch um ihr Geld gebracht. Folgende Erklärung ist daher öffentlich nothwendig. [–] Ich wünsche zwar allen Menschen Gutes; nur kann ich nicht wünschen, daß Kranke, deren leidenvoller Zustand an und für sich schon bedauernswürdig genug ist, noch mit so falscher und schlechter Ware um Geld und Hülfe gebracht werden. Allen Kranken aber, die durch meinen allein echten Gesundheitstaffent Hülfe in ihren Leiden suchen, notificiere ich, daß solcher in Weimar allein bei Madame Horny und hier bei mir zu haben ist. [–] Nürnberg, den 24. Februar 1819 Friedrich Gotthelf von Schütz, Pr. Lieut.«[169]

Keinesfalls beneidenswert waren seinerzeit auch jene Menschen, die durch Krankheit, Unfall oder anderes, meist unverschuldetes Unglück nicht mehr erwerbsfähig waren. Betteln war in Weimar verboten, und Bettler wurden regelmäßig durch die Polizei aus der Stadt verbracht. Für verarmte Stadtbewohner gab es einige wenige, von der Kapazität her sehr eingeschränkte Möglichkeiten, die Existenz zu sichern. Adolf Schöll berichtete über den Werdegang der sogenannten ›milden Anstalten‹ am Asbach, die ursprünglich aus drei Gebäuden bestanden, folgendes: Nachdem sie 1790 abgebrannt waren, wurde im Jahr darauf ein neues Haus erbaut; 1832 ließ Großherzogin Maria Pawlowna ein Hospital für Hilfsbedürftige errichten, das allerdings nur 20 Personen aufnehmen konnte. Für diese Erwerbslosen galt, daß sie ohne lähmende Krankheiten, mindestens 50 Jahre alt und unbescholtenen Rufes sein mußten; Wohnung, Heizung, Pflege und Unterhalt erhielten sie umsonst. Weiterhin gab es (seit 1847) eine Kleinkinderbewahranstalt, die von der Suppenanstalt mitverpflegt wurde, und das Karlsstift für alte, hilflose Personen. Im 1829–32 neuerbauten städtischen Krankenhaus konnten Arme unentgeltlich versorgt werden. Das verrufene Siechhaus vor dem Erfurter Tor, in das die Todkranken im 18. Jahrhundert mit dem ekelerregenden ›Siecheskorb‹ getragen wurden, war Anfang des 19. Jahrhunderts in ein Wohnhaus für Arme verwandelt worden. Arbeitsbedürftigen Armen stand ein Spinnhaus zur Verfügung.[170]

Viele dieser humanitären Einrichtungen gingen auf die Zarentochter Maria Pawlowna zurück, die 1804 den Weimarer Erbprinzen Karl Friedrich geheiratet hatte, oder wurden von ihr gefördert, wenn auch oft nicht ohne das mutige Wort menschlich denkender Weimarer. Der Schauspieler Eduard Genast überlieferte solch eine Episode, wonach der Generalsuperintendent Johann Friedrich Röhr seinen Einfluß bei Hofe in dieser Richtung furchtlos geltend machte:

»In Weimar befanden sich zu damaliger Zeit zwei der Stadtgemeinde gehörige Häuser, welche zur Aufnahme hülfsbedürftiger Frauen bestimmt waren. Sie standen am alten Graben neben einander und waren unter dem Namen des armen und reichen Spitals bekannt. Die Großherzogin Maria Pawlowna erkundigte sich eines Tages bei Tafel nach der Einrichtung und Zweckmäßigkeit dieser städtischen Anstalten und hörte von Einigen aus ihrer Umgebung, daß für die armen Frauen auf das vortrefflichste gesorgt sei. Da Röhr die sicherste Auskunft zu geben im Stande war und sich ebenfalls unter der Gesellschaft befand, wendete sich die Fürstin an ihn mit den Worten: ›Ich höre mit Vergnügen, daß es den armen alten Frauen in beiden Anstalten so gut geht, daß die Häuser so sauber und wohnlich eingerichtet sind. Ist dem so?‹

›Halten zu Gnaden, Kaiserliche Hoheit, die beiden Anstalten sind unter aller Kritik!‹ erwiderte Röhr und fuhr, ohne sich durch den befremdeten, finstern Blick der Fürstin beirren zu lassen, ruhig fort: ›Ich kann nur bitten, daß Kaiserliche Hoheit sich durch eigene Anschauung überzeugen möchten, ob ich die Wahrheit gesprochen habe.‹

Am andern Tage früh um acht Uhr hielt bereits der Wagen der Fürstin vor den von den Fenstern der Superintendentur aus sichtbaren Hospitälern, vier Wochen darauf war der Plan zu einem schönen, geräumigen Neubau entworfen und genehmigt, welchen die Großfürstin auf eigene Kosten ausführen ließ, selbst überwachte und mit einem zweckmäßigen Inventar, sowie mit einem zur Erhaltung desselben ausreichen Kapitals dotirte.«[171]

Im wesentlichen war das Urteil, das Frédéric Soret bereits 1824 scharfsinnig abgab, uneingeschränkt richtig. Der aus Genf stammende herzogliche Prinzenerzieher, mit einem durchdringenden Blick für städtische gemeinnützige Institutionen und Möglichkeiten ausgestattet, hatte sehr schnell die ökonomischen Schranken der Kommune erkannt. An seinen Großoheim Etienne Dumont, der ehemals Sekretär bei Mirabeau gewesen war, schrieb er am 15. Februar 1824: »Um das öffentliche Wohl kümmert sich nur die großherzogliche Familie; die andern sind entweder zu arm oder zu sehr Egoisten, um an Maßregeln zu denken, wie sie bei uns in Genf üblich sind. Jede Art Verbesserung geht deshalb hier viel langsamer vor sich als anderswo, dennoch darf man mit dem offenbaren Aufstieg zufrieden sein. Ich war schon Zeuge mehrerer wichtiger Reformen, die der Allgemeinheit zugute kommen, und man verspricht uns deren noch mehr. Man bemüht sich vor allem um die Erziehung armer Kinder, aber leider sind deren allzu viele, und über die anzuwendenden Mittel ist man nicht einig . . .«[172]

Kinder und Kandidaten, Furcht und Fibel

Bildung

Sollte ein junger Mensch, mit den nöthigen Schulkenntnissen versehen, die Buchdruckerkunst als Setzer zu erlernen Lust haben, so kann selbiger in der Buchdrukkerei des Landes-Industrie-Comptoirs in Weimar sogleich einen Platz finden.

WWA, Nr. 5, 15. Januar 1819

Der Erziehung der Kinder galt in den vornehmen Bürgerfamilien in der Regel die besondere Aufmerksamkeit der Eltern. Goethe hat in seiner Autobiografie ›Dichtung und Wahrheit‹ sehr ausführlich beschrieben, wie pedantisch und sorgsam sich der Vater um die Bildung und Erziehung seiner beiden Kinder kümmerte. Daß sich der planvolle Bildungsprozeß dabei sogar auf das Mädchen, auf Cornelia Goethe, erstreckte, ist schon nicht mehr die Regel gewesen; Sigrid Damm hat psychologisch einfühlsam die Grenzen aufgezeigt, die dann auch der Tochter eines solchen gebildeten Bürgerhauses durch Konvention und zeitgemäßes Rollenspiel gesetzt waren.[173] Auch das Weimarer Bildungsbürgertum ließ seinen Kindern eine mehr oder minder gediegene Ausbildung zukommen. Diese Aufgabe übernahmen meist ausgesuchte Hauslehrer, oft Kandidaten der Theologie, mittellose Schriftsteller oder Künstler. Christoph Wilhelm Hufeland beschrieb die Methode seines ›Lehrers‹ ab 1770 so: »Nun bekam ich aber einen andern Erzieher von ganz entgegengesetzter Art, der 10 Jahre lang bei mir blieb und dessen Einfluß für mein ganzes Leben, und nicht bloss für meine Studien, sondern auch für meinen Charakter, entscheidend gewesen ist. Er nannte mich Er, sprach ausser den Schulstunden wenig mit mir, freundliche Worte oder Mienen waren Seltenheiten. Lachen kam gar nicht vor. Gehorsam, Verbot alles Widerspruchs, pünktliche Beobachtung der Schulstunden, Auswendiglernen (besonders von lateinischen Vocabeln), anhaltender Fleiss und Beschäftigung, genaue Beobachtung von Zeit und Ordnung, und bei Uebertretungen strenge

Verweise, selbst körperliche Züchtigungen, das waren die Grundzüge. Die Eintheilung des Tages war folgende: Früh 6 Uhr aufgestanden, dann ein Frühstück von Milch und Semmel, Ankleiden, Vorbereiten zu der Schule, 1/2 9 Uhr Butterbrod oder Obst, von 9–12 Schule, dann Mittagessen, nachher bis 3 Uhr Bewegung im Garten oder Hause, von 3–5 Uhr Schule, dann Vesperbrod von Obst oder Brod mit Salz oder ein wenig Zucker, dann Spaziergang im Webicht, oder im Winter oder bei schlechtem Wetter eine Selbstbeschäftigung, um 7 Uhr frugales Abendessen (eine Suppe mit Brod, entweder mit Obst oder Butter, oder Mus, oder Möhrensaft). Dann bei den Geschwistern und von 8–9 Uhr bei dem Vater mit den Schwestern, wo ich gewöhnlich etwas vorlesen musste, dann wieder zum Hofmeister auf dessen Zimmer, hier noch lesen oder Auswendiglernen. Gewöhnlich übermannte mich der Schlaf, dann musste ich stehen, aber auch im Stehen schlief ich oft ein. Dann zu Bette, in welchem ich die Hände falten und den lutherischen Abendsegen nebst Vaterunser beten musste.«[174]

Wer sich im bessergestellten Bürgertum keinen eigenen Hauslehrer leisten konnte, dem stand für die Ausbildung der Kinder das 1705/16 erbaute Gymnasium am Töpfenmarkt neben der Stadtkirche zur Verfügung. Bedeutende Gelehrte Weimars wirkten im Laufe der Jahre am Wilhelm-Ernestinischen Gymnasium, so benannt nach seinem Begründer, Herzog Wilhelm Ernst. Johann Michael Heinze, langjähriger Direktor der Bildungsanstalt, war zugleich ein geschätzter Übersetzer von Cicero und Xenophon; weitere Professoren waren der Archäologe Karl August Böttiger, der Märchendichter Johann Karl August Musäus, der Gelehrte Franz Passow, Goethes ehemaliger Mitarbeiter, der Lexikograph Johann Wilhelm Riemer, der Historiker Samuel Gottlieb Schwabe, der Philologe Johann Heinrich Voß u.a.[175]

Der oberste Beamte aller Bildungseinrichtungen war der Generalsuperintendent; von 1776 bis 1803 wurde dieses Amt von Johann Gottfried Herder versehen. Wie Herders Persönlichkeit gerade auch auf die heranwachsende Generation wirkte, beschrieb u.a. Hufeland, auf das Jahr 1778 zurückblickend: »Dieser grosse, herrliche, schon durch seine äussere edle Gestalt imponirende Mann ... trat jetzt als Prediger auf. Noch nie hatte ich solchen Prediger gehört, denn von ihm konnte man wirklich auch sagen: Er predigte gewaltig und nicht wie die Schriftgelehrten. Wie ein Apostel stand er auf der Kanzel, die Hände gefaltet vor ihm liegend, mit dem Gesicht gen Himmel gerichtet, ohne alle Gesticulationen, ja ohne alle Declamation, ruhig, aber kräftig in seiner tiefen Bassstimme Worte der Salbung und des höheren Lebens aussprechend, nicht als ob es seine Worte wären, sondern als wenn sie ihm von Oben zuflössen, als wenn er nur das Organ wäre, durch welches eine höhere Macht zu uns spräche.«[176] Auch Karl von Lyncker überlieferte in seinen Erinnerungen, daß Herder seinen Predigten »ohne irgend eine Bewegung der Hände« gehalten habe. »Allein seine wohltönende Aussprache und seine große Kunst der Betonung gaben ihnen volles Leben und Wirksamkeit. Er hielt dabei auf die größte Stille bei kirchlichen Versammlungen, und wenn irgend ein Geräusch, ja wenn sich irgendwo ein anhaltender Husten hören ließ, hielt er mitten in der Rede inne, bis wieder vollkommene Ruhe eintrat.« Im übrigen gab sich Herder durchaus unkonventionell; er trug als Generalsuperintendent nicht nur schwarze, sondern auch dunkelfarbige Kleider, er verzichtete auf die Perücke, ging zuweilen ins Theater, erschien sogar beim Schlittschuhlaufen und ritt scharf.[177]

Neben dem Gymnasium existierten weitere pädagogische Einrichtungen wie z.B. die Garnisonschule, die ab 1771 als Freischule für arme Bürgerkinder fungierte, sowie kleinere Mädchen- und Privatschulen, an denen jeweils nur wenige Kinder unterrichtet wurden. Der Danziger Johann Daniel Falk, der sich in Weimar als satirischer Schriftsteller einen Namen erworben hatte, verlor im Kriegsjahr 1813 durch Typhus hintereinander vier seiner Kinder. Angesichts der immer größer werdenden Zahl von Waisen und der zunehmenden Verwahrlosung der elternlos Heranwachsenden entschloß sich das tief erschütterte Ehepaar Falk zur Aufnahme fremder Kinder und gründete als Ergänzung zu dem bestehenden Waisenhaus die ›Gesellschaft der Freunde in der Not‹. Nach Falks Tod 1826 wurde daraus eine öffentliche Anstalt für jeweils 12 verwaiste Mädchen und Jungen.[178]

In den Jahren 1822 bis 1825 wurde dann durch Clemens Wenzeslaus Coudray die Bürgerschule erbaut, die ab 1826 den Unterricht für nahezu 1000 Schüler übernahm und nach damaligen Verhältnissen recht modern eingerichtet war: Es gab jeweils vier Lehrsäle für Knaben und für Mädchen sowie drei weitere Unterrichtsräume und einen Festsaal. Neben dem Direktor waren zehn Lehrer und sechs Hilfslehrer angestellt. Eine enge Verbindung bestand zu der bereits 1788 von Johann Gottfried Herder gegründeten Lehrerbildungsstätte, dem Lehrerseminar mit 80 Seminaristen, »die sich zugleich an der Bürgerschule praktisch einübten«[179]. Um die ›Taubstummen- und Blinden-Unterrichts- und Erziehungsanstalt‹ auf eine sichere Basis zu stellen, ließ Großherzog Karl August seit 1821 einen Spezialisten für den Unterricht mit Blinden, Tauben, Stummen und Taubstummen in Berlin ausbilden, wo entsprechende Einrichtungen bereits existierten. Dieser Seminarist, der Weimarer Johann Christian Friedrich Vollrath, erwarb sich die notwendigen Kenntnisse für die Unterrichtung Taubstummer bei dem Berliner Spezialisten Professor Graßhoff, besuchte als Praktikant die Berliner, Dresdener und Leipziger Blindenanstalten und arbeitete dann erfolgreich als Sonderschullehrer in dem Marktflecken Haßleben; 1825 begann er in der neuen Weimarer Schule zu wirken.[180]

Die neue Bürgerschule stand allen Kindern ›unbescholtener Familien‹ offen; nach einer Verordnung des ›Großherzoglich-Sächsischen Ober-Consistoriums‹ – der Schulbehörde – waren sowohl die ›viersinnigen Kinder, als: Blinde, Taube, Stumme, Taubstumme‹ als auch die ›vollsinnigen Kinder‹ zum Schulbesuch verpflichtet. Zu Konsultationen stehe der ›Taubstummen- und Blindenlehrer Vollrath‹ jederzeit zur Verfügung, wurde 1828 bekanntgemacht.[181]

Die offiziell bestehende Schulpflicht ab vollendetem 5. Lebensjahr wurde freilich keineswegs von allen eingehalten, nicht nur des zu zahlenden Schulgeldes wegen, sondern oft auch infolge der notwendigen Mitarbeit der Kinder bei der Absicherung der täglichen Existenz. Noch 1832 mußte die Behörde einen Taler Strafe androhen, wenn Kinder beim Viehhüten angetroffen würden, weil ihnen »dadurch Gelegenheit zu Schulversäumnis gegeben werde«[182]. An der Bürgerschule gab es ›Fastnachts- und Hundstagsferien‹, schulfrei war am Martinstag, zum Mellinger Jahrmarkt, zur Kirmeszeit und an Donnerstagen nach hohen Festen sowie zu den vier Weimarer Jahrmärkten; später wurden diese vielen Ferien reduziert.[183] Lesen- und Schreibenlernen waren die beiden Hauptsäulen der Elementarbildung, wozu Herder selbst schon 1783 ein ›Buchstaben- und Lesebuch‹, also eine Fibel, verfaßt hatte. Der Religionsunterricht und damit die Bibel standen im Zentrum der Ausbildung, was die Vermittlung vieler Kenntnisse einschloß: ästhetische Erziehung, historisches Denken, Kirchen- und Volkslied und nicht zuletzt über die Katechismusgespräche Lebenspraxis. Auch elementares Rechnen gehörte zum Schulprogramm.[184]

Bei aller Differenziertheit der Bildungswege darf doch dem fachmännischen Urteil Frédéric Sorets über das weimarische Schulwesen einiges Gewicht eingeräumt werden. Der Prinzenerzieher am herzoglichen Hofe notierte am 5./6. März 1828 für seinen Onkel in Genf: ». . . ich schrieb Ihnen wohl schon in meinem letzten Brief etwas über die Schulen des Großherzogtums Sachsen-Weimar; der diesjährige amtliche Bericht aus Genf, so zufriedenstellend er gerade in dieser Beziehung ist, belehrt mich gleichwohl, daß Weimar, im Verhältniß, meiner Heimat sogar überlegen ist. Auf wenig mehr als 8000 Einwohner kommen hier mindestens 1600 Schüler, und zwar 900 Mädchen und Knaben der Elementarschule und 500 Besucher des Gymnasiums, das den Oberklassen unseres Collegiums entspricht; dazu kommen noch zwei- bis dreihundert Zöglinge an Privatschulen, nicht eingerechnet die Studenten, die nach Jena gehen. Demnach sitzt ein Siebentel [Fünftel! – J. K.] der ganzen Bevölkerung auf der Schulbank. Sie werden hoch überrascht gewesen sein, aus meinem vorigen Brief zu ersehen, daß sich bei einem andern Ort die Zahl ein Drittel ergibt; ich kann sie natürlich nicht nachprüfen, aber ich habe Ursache anzunehmen, daß sie der Wahrheit ziemlich nahekommt.«[185]

Zum Bildungsniveau der Weimarer Bevölkerung zwischen 1750 und 1850 haben viele Faktoren beigetragen. Nicht zu übersehen ist, daß die gemeinsamen Bemühungen Herzogin Anna Amalias, Herzog Karl Augusts und der zahlreichen bürgerlichen Künstler und Gelehrten in der Stadt langfristig Früchte trugen. Über das Wirken z. B. des ›Zeicheninstituts‹ um 1785 berichtete Karoline Jagemann: »In Weimar gab es lange Jahre ein interessantes Institut, die Zeichenschule des Rats Melchior Kraus, die ich eine Zeitlang besuchte, da ich Lust und Anlage zur bildenden Kunst hatte. Das Lokal bestand, angenehm und zweckmäßig für die verschiedenen Klassen, in einem Saale und kleineren Galerien, von einem der altertümlichsten Gebäude der Stadt, dem Schlosse, das in den ältesten Zeiten den Herrschern von Weimar zur Wohnung diente, ehe noch das Residenzschloß gebaut war. Diese Räume vereinigten die jungen Damen aus den ersten und mittleren Ständen, die einiges Talent für die Zeichenkunst zu besitzen glaubten oder auch schon eine gewisse Virtuosität darin erlangt hatten; zugleich boten sie Gelegenheit zum Plaudern, oft aber blieben durchreisende Fremde auch vor dieser oder jener Arbeit stehen, die bereits künstlerische Vorzüge aufwies. War die Zeichenstunde um zwölf Uhr beendet, ergingen sich die jungen Damen noch ein Stündchen in dem nahen Park.«[186]

Bei allen verklärenden Elementen in solchen Erinnerungen bestätigt sich doch der Eindruck einer großen Bildungslust, zu der das Theater einen wichtigen, vielleicht in der Breitenwirkung den allerwichtigsten Beitrag lieferte. Heinrich Schmidts Rückschau verrät das besondere Fluidum, das die Weimarer um 1790 mit der zeitgenössischen Theaterdichtung und Literatur insgesamt so unmittelbar verband: »Einen Mittelpunkt anderer Anregungen bildete das Theater. Früher hatten seine Stelle die vom Hofe veranstalteten Feste vertreten, zu denen gewöhnlich das trauliche Tiefurt, der Ettersberg oder Belvedere den romantischen Hintergrund bildeten, wobei Goethe selbst, Musäus und Corona Schröter, Kammersängerin von edler Gestalt und Sitte, mitwirkten. Jetzt blühte das Hoftheater unter Goethe's Leitung und Schiller's Einfluß. In uns jungen Köpfen ging Alles durcheinander: ›Werther's Leiden‹, ›Götz von Berlichingen‹, ›Schillers Räuber‹, ›Fiesco‹, ›Cabale und Liebe‹, ›Don Carlos‹, Jean Paul's geniale Werke mit der Fülle und Mannichfaltigkeit seiner schöpferisch-originellen Gedanken und Ansichten; Heinse's ›Ardinghello‹ und ›Fiormona‹, Bouterwek's ›Donamar‹, Musäus' ›Volksmärchen‹, Wieland's ›Oberon‹, ›Agathodämon‹ etc.; Rousseaus' ›Héloise‹ und ›Emile‹, Voltaire's freigeistige Werke und sein Tod, von dem man nicht genug Grauenhaftes sich erzählen konnte; Kotzebues famoses Gedicht ›Ha, wer bin ich und was soll ich hier, unter Menschen oder Affen? Welchen Plan hat Gott mit mir u.s.w.‹; von Cramer, Feßler, Spieß und Lafontaine gar nicht zu reden. Mein täglicher Umgang waren Herder's und Wielands Kinder – der erstern waren sieben, der zweiten neun; – und außerdem belebte und verschönerte eine Reihe von reizenden, interessanten Mädchen die wöchentlich hier wechselnden Kränzchen.«[187]

Auch die Wirkung, die von der benachbarten Jenenser Universität ausgingen, müssen in diesen Kontext mit einbezogen werden. Noch in den siebziger Jahren behaupteten die Studenten ihre rohen Sitten; sie schlugen sich öffentlich auf dem Markte, warfen den Bürgern nachts die Scheiben ein und waren für jeden Streich zu haben, wie Karl von Lyncker berichtete.[188] Besonders die Weimarer Jugend wurde durch das Studentenleben, das sie auch in der Residenz beobachten konnte, in den Bann gezogen. »Wenn nun Alles dieses die Mannichfaltigkeit der Anregungen andeuten kann, die das damalige Leben in Weimar selbst, insbesondere jungen Leuten bot, deren Empfänglichkeit und reizbare Phantasie dem Urtheil vorauseilen, so sollte auch der nahe und ferne Hintergrund dazu beitragen, die Gemüther noch mehr zu spannen und zu beschäftigen«, erinnerte sich Heinrich Schmidt. »Im nahen Jena war fast immer die ganze Burschenschaft in Aufruhr und das weimarische Militär auf Jena zu auf den Beinen, so daß wirkliche Scharmützel und kleine Schlachten in und bei Jena vorfielen; sowie Auszüge der Studenten, oft 700–800 an der Zahl, durch Weimar mit klingendem Spiel nichts Seltenes waren. Der erste war unstreitig der merkwürdigste und effectvollste. Eines schönen Sonntagsmorgens wurde der friedliche Bürger Weimars in der Frühe um 3 Uhr durch Cymbeln und Trompeten und Trommeln und durch einen rauschenden Chorus jugendlich brüllender Kehlen aus seinem süßen Schlaf aufgeschreckt und zu dem großen Schauspiel eines Burschenauszugs aus Jena hingezogen. Ueber 600 Burschen waren durch das Jenaische Thor herein und bald wieder durch das Erfurter Thor hinausgezogen; dem Herrn von Rumohr, einem schönen jungen schlanken Mann auf einem Goldfuchs an der Spitze, folgte die Masse mit ihren ledernen Helmen, dem Säbel oder dem Hieber an der Seite und dem Ränzchen auf den Schultern, wobei das omnis mea mecum porto wol ziemlich ohne Ausnahme gelten konnte. Sie zogen dann auf die Anhöhen bei Erfurt, wo ein Lager aufgeschlagen und mit den Ab- und Nachgesendeten von Jena parlamentirt wurde, worauf die Burschen wol auch theilweise nach Jena zurückkehrten.«[189]

In das Bild Weimarer Bildungslust ordnet sich auch die von Goethe initiierte ›Freitagsgesellschaft‹ ein, die populärwissenschaftliche, interdisziplinäre Ziele verfolgte, allerdings elitären Charakter hatte. In diesen Zusammenhang gehört auch die in Jena beheimatete ›Naturforschende Gesellschaft‹, durch die sich letztlich Goethe und Schiller näherkamen, und die Verbindung der ›Weimarer Kunstfreunde‹, die in der Tradition Winckelmanns klassizistisches Gedankengut zu popularisieren und praktisch umzusetzen trachtete.

Der Bildungsdrang der Fürstenfamilie und des Weimarer Bürgertums zeitigte daneben auch kurios anmutende Ergebnisse. Joseph Rückert wußte von einer solchen ›Treibhausblüte‹ aus dem Jahre 1799 zu berichten: »Herr Scherer, der seit mehreren Jahren unter dem Titel eines Bergrats von dem Herzoge einen ansehnlichen Gehalt zog, erhielt bald nach seiner Rückkehr aus England, wohin er vor einigen Jahren eine gelehrte Reise angestellt hatte, den Befehl, wöchentlich, sonnabends von vier bis fünf Uhr, chemische Vorlesungen für alle Stände zu halten. Der Plan war zweckmäßig und ein rühmlicher Beweis von dem Patriotismus des Fürsten. Jedermann, der es bedarf, sollte hier das Brauchbarste und Nötigste aus dieser Wissenschaft zur Aufklärung in seinen Geschäften erlernen. Die Neugierde und das Interesse des ganzen Publikums waren auf die angekündigten Vorlesungen gerichtet. Der Saal füllte sich mit einer großen Menge Zuhörer, worunter sich auch Damen aus beiden Ständen befanden. Der Herzog selbst mit seinen Prinzen erschien öfters in den unterhaltenden Stunden. Herr Scherer ließ ein chemisches Handbuch drucken und teilte es bogenweise unter sein Publikum aus. Nah am Parke wurde ihm für seine Präparaten und Experimenten die untere Hälfte eines großen, schönen Gebäudes eingeräumt, und der Herr Bergrat übte sich so stark und belagerungsmäßig, daß die Bewohnerin des oberen Theils des Hauses eine Bittschrift für die Erhaltung ihres Lebens bei dem Regenten einzureichen für gut fand, weil sie jeden Augenblick in die Luft gesprengt zu werden fürchtete. Umsonst! Der patriotische Plan mußte durchgesetzt werden. Man sprach jetzt in Weimar von nichts als von Gas, Oxigena, brennbaren Stoffen, leicht- und strengflüssigen Dingen. Alle Weimaraner und Weimaranerinnen schienen Chemiker und Weimar ein großer Schmelzofen werden zu wollen, als auf einmal, wie durch einen geheimen Zauberschlag, alle jene brennbaren Stoffe verloschen, die Flüssigkeiten stockten und alles wieder in seine unchemische Gestalt zurück trat. In wenigen Monaten war der größeste Teil der Zuschauer unsichtbar geworden, und der antikantische Scherer hatte jetzt den Verdruß, die Pflicht noch bloß um ihrer selbst willen ausüben zu müssen.

Dieses plötzliche Verlöschen alles Interesses für ein in der ersten Zeit so anziehendes und seinem Plane nach so wohltätiges Institut wurde vermutlich durch folgende Ursachen herbeigeführt.

So tief Herr Scherer auch immer in den Geheimnissen seiner Wissenschaft eingeweiht sein mag und so gut sein Vortrag vielleicht für den akademischen Katheder passen möchte, so war jener jedoch für dieses so gemischte, zum Teil sehr gebildete Publikum, vor dem er auftrat, bei einer oft trocknen Wissenschaft nicht anziehend, nicht gebildet genug. Die Chemie befriediget sich mit einem guten Kopfe; aber der Vortrag derselben, vor einem solchen Publikum, fordert auch Geschmack.

Viel schaden mußte Herrn Scherer auch eine gewisse widrige und affektierte Polemik gegen die Kantianer, über die er zuweilen von seinem Katheder herab ex abrupto herfiel und bei jeder Gelegenheit ein wenig Bitterkeit aus seinem Gläschen ausgoß – sein schlechtestes Experiment. Und endlich liefen einige seiner Versuche so übel ab, daß ein großer Teil der Umstehenden mit verbrannten Gesichtern und Kleidern nach Hause zu gehn, den Verdruß hatten. Scherer setzte nachher seine Vorlesung zwar noch fort, aber vor einem sehr ins Kleine reduzierten Publikum.«[190]

Nicht übersehen werden darf auch, daß viel Philisterei und Scheinbildung mit im Spiele waren. Karoline von Wolzogens Urteil aus dem Jahre 1787 über den Charakter der ›besseren Kreise‹ der Stadt dürfte auch später noch zutreffend gewesen sein: »Die Weimarische Welt wirkte im Ganzen mehr bildend als belebend auf Schiller. Der Ton der Gesellschaft war kritisirend, mehr abweichend als entgegenkommend. Von rheinländischer Libertät und schwäbischer Herzlichkeit war wenig zu finden. Im Hause der Herzogin Amalia, wo man sonst jede neue Erscheinung freundlich begrüßte, war man mit Studien und Zurüstungen zur italienischen Reise beschäftigt. Der Herzog, viel abwesend, scheint damals keinen besonderen Antheil an Schiller bezeigt zu haben, und der eigentliche Hofcirkel war abgeschlossen. Die vorzüglichsten Geister übten so großen Einfluß, daß überall Literatur Gegenstand der Unterhaltung war; aber im Grunde ward mehr darüber geschwatzt, als gedacht, und das eigentliche Leben, dessen Schiller bedurfte, um sich heiter zu entfalten, fehlte.«[191]

Dennoch ist eine allgemeine Hebung des Bildungsniveaus der Stadtbevölkerung in den ersten Jahrzehnten des 19. Jahrhunderts unverkennbar. Der Analphabetismus ging durch die allmählich sich durchsetzende allgemeine Schulpflicht zurück, mit der Lesefähigkeit nahm die Rezeption journalistischer und ›schöngeistiger‹ Produktionen zu, die auf dem explosionsartig anwachsenden Buch- und Zeitschriftenmarkt in immer größerer Zahl angeboten wurden. Die inzwischen jedermann zugängliche Bibliothek mit ihrem gesammelten geistigen Kapital vieler Generationen begann »geräuschlos unberechenbare Zinsen« zu spenden.[192] Der Kapitalismus hatte sich auf dem Gebiet des geistig-kulturellen Lebens weitgehend durchgesetzt, und auch die industrielle Revolution griff allmählich auf Deutschland über. Mit der Zunahme der Kommunikation wurde die Welt kleiner, wovon Weimar bis 1832 vor allem durch Goethes Anwesenheit profitierte. Gäste aus allen europäischen Ländern kamen in die Residenz an der Ilm, um dem greisen Dichter am Frauenplan ihre Reverenz zu erweisen. Alle europäischen Sprachen erklangen in den Hotels und Gasthäusern, auf den Straßen und Promenaden, was nicht folgenlos blieb. Anzeigen wie die des Sprachlehrers »Mens im Schillerschen Haus« von 1828, der sich erbot, »in alten und neuen Sprachen (nemlich in der Griechischen und Lateinischen wie in der Französischen, Englischen, Spanischen, Portugiesischen und Italienischen)« Unterricht zu erteilen,[193] wurden in diesen Jahren immer häufiger und fanden auch ihr Echo. Goethe selbst sprach Englisch, Italienisch, Französisch, seine Schwiegertochter Ottilie war geradezu bekannt für ihre England-Vorliebe, am Hofe sprach man außer Französich gern Englisch, und auch im Weimarer Bildungsbürgertum war die Kenntnis fremder Sprachen festes Bildungsgut. Das Urteil eines Engländers aus den neunziger Jahren darf durchaus als realistisch angesehen werden: »Es ist mehrentheils eine Folge der wissenschaftlichen Bildung, welche man in Weimar findet, daß in keinem Lande das Englische sorgfältiger getrieben wird als hier. Byron und Scott werden nicht allein häufig gelesen, sondern auch eben so richtig verstanden und gehörig von den Deutschen beurtheilt, als bey uns selbst; sie besitzen nicht bloß eine, sondern mehrere Uebersetzungen der vorzüglichsten Romane von Scott. Selbst der Großherzog liest sehr viel Englisch. Außer seiner eigenen Privatsammlung enthält auch die ansehnliche öffentliche Bibliothek, welche zu Jedermanns Gebrauch offen steht, alle unsere berühmten Schriftsteller.«[194]

Auch wenn zweifellos nicht die gesamte Bevölkerung der Stadt an diesem höheren Kultur- und Bildungsniveau teilhatte, ist die kleine Residenz Weimar in dieser Hinsicht in den Jahrzehnten bis 1830 doch eine Ausnahmeerscheinung unter vergleichbaren Städten Deutschlands gewesen.[195]

Diebe und Gauner, Marodeure und Mörder

Kriminalität

Am letztvergangenen Sonnabend, als am 5ten dieses, ist im Parterre hiesigen Schauspielhauses vor der Loge des Herrn Geheimen Raths von Göthe ein carmoisin seidner Regenschirm stehen geblieben, welcher daran kenntlich ist, daß er sehr vielfach zusammen gestickt ist. Wer denselben zu gütiger Aufbewahrung an sich genommen hat, wird ergebenst gebeten, ihn hinter dem Zuchthause in No. 31 D abgeben zu lassen.

WWA, Nr. 19, 8. März 1814

Betrachtet man die von den erst Herzoglich-, dann Großherzoglich-Sächsischen Kriminalgerichten zwischen 1750 und 1830 in Weimar behandelten und veröffentlichten Fälle, so ergibt sich ein recht buntes Bild, das in den Details oft genug soziale Rückschlüsse auf Geschädigte und Täter zuläßt. Im Jahre 1770 hatte der erste Minister des Landes, Jakob Friedrich von Fritsch, eine Generalpolizeidirektion eingerichtet, die für die Einhaltung der Markt-,

Preis-, Bau- und Feuerordnungen sorgte. Da keine Trennung zwischen allgemeiner Polizei und Kriminalbehörden existierte, enthielten die jährlich in der Zeitung veröffentlichten Statistiken folglich auch solche Vergehen, die Verstöße gegen die Stadtordnung darstellten oder die öffentliche Moral verletzten. Weit an der Spitze dieser Verfehlungen standen »Trunkenheit und der dadurch verursachte öffentliche Scandal«, Stehenlassen des Zugviehs auf öffentlichen Straßen ohne Aufsicht, übermäßig schnelles Fahren und Reiten in den Gassen sowie Straßenunfug durch Kinder.

Bestraft wurden auch Verletzungen der allgemeinen Hygiene, so z.B. das Düngerfahren in der Stadt ohne Vorsteckbretter, das Verunreinigen von Gußlöchern, das Unterlassen des Straßenkehrens, das Ausgießen von Flüssigkeiten aus Fenstern auf öffentliche Straßen, desgleichen das Ausschütteln von Tüchern.

In die Reihe strafwürdiger Vergehen gehörten ungebührliches Verhalten gegen das Polizeipersonal, aufsässiges Benehmen des Dienstgesindes gegen die Dienstherrschaft, gröbliches Auftreten eines Gesellen gegen seinen Meister, aber auch kuriose Delikte wie übermäßiges Klatschen mit der Peitsche, Tabakrauchen auf der Straße oder Wäschetrocknen an verbotenem Ort.

Besonders vor der jährlichen Ernte oder in Notzeiten mußten gehäuft Bäcker wegen zu leichten Brotes und zu leichter Semmeln, Kaufleute, Seifensieder, Fleischer, Seiler u.a. wegen zu leicht geführten Gewichts zur Verantwortung gezogen werden. Die Skala der Strafen begann mit dem öffentlich verkündeten Verweis, umfaßte sodann z.T. erhebliche Geldstrafen, die besonders Minderbemittelte existentiell treffen konnten, und endete bei Gefängnis, das in Weimar »der Stintz« hieß, sowie Arbeits- und Zuchthaus. Bei beiden letzteren konnten auch körperliche Züchtigungen verhängt werden; das Zuchthaus war mit dem Irrenhaus gekoppelt. Dazu kam eine Spinnerei für die ›Dirnen‹. Um dem Bettelunwesen zu steuern, war seit 1753 die Aufnahme von Personen in der Stadt verboten, die weniger als 50 Taler Vermögen hatten. Anna Amalia versuchte, durch Almosen-Ordnungen die Ärmsten zu unterstützen oder sie mit Arbeit zu versehen. Bettler, die man in der Stadt aufgriff, wurden verwarnt und über die Landesgrenzen abgeschoben, im Wiederholungsfalle mit Gefängnis bestraft. Arbeitslose Männer und Frauen und geschwängerte Dienstmädchen wies man aus der Stadt.

Daneben hatten sich die Polizeibehörden mit den eigentlichen kriminellen Delikten wie Diebstahl, Einbruch, Unterschlagung und dergleichen zu befassen; schwere Verbrechen wie Raub, Totschlag und Mord waren selten. Durch Diebstahl geschädigte Bürger wählten häufig den Weg der Selbsthilfe, da sie den Untersuchungen der Polizei offenbar wenig Erfolgsaussichten zumaßen. Fast humorvoll klingt eine Verlustanzeige von 1775, hinter der sich gleichwohl eine Drohung verbirgt: »Am Montage früh ist Jemanden an einem Orte, den man aus Menagement nicht nennen will, eine Taschen Uhr entkommen, und ob man es wohl als einen Scherz aufzunehmen nicht ungeneigt ist, so will man den Thäter wohlmeinend warnen, sich vor Verdruß zu hüten, und die Uhr dem Eigenthümer zurück zu geben, wozu bis Donnerstag Abends die Zeit bestimmt haben will.«[196]

Ganz ähnlich lautet ein Inserat aus dem Jahre 1805; auch hier darf bezweifelt werden, daß das Diebesgut wieder in die Hände des Besitzers zurückgelangt ist: »Es sind aus einem Hause in der Teichgasse von einer Weibsperson am 23. Oct. bey der Feuersgefahr folgende Sachen weggetragen worden: 1 Stück gemodeltes Tischzeug von 22 Ellen, ganz neu; 1 hölzerner Lehnstuhl. Da man mutmaßt, wo die Person ist, so bittet man, wenn sie etwa nicht weiß, aus welchem Hause sie es getragen. solches in das Eckhaus, oben an der Töpfergasse, wieder zu bringen.«[197]

Fast zynisch mutet folgendes Angebot an, auf das der Täter trotz Weihnachtszeit und christlicher Nächstenliebe kaum eingegangen sein dürfte: »Es ist gestern Abends zwischen 8 und 9 Uhr aus einem Beckerladen ein kupfernes Zahlbret in großer Behendigkeit gestohlen, selbiges aber gleich darauf unterm Thore des Hausses wieder gefunden worden. Da der Thäter vermutlich jung und rasch, aber dürftig ist: so hat sich derselbe bey Mstr. Höhnen zu melden, und noch einige Groschen zu seiner Nothdurft abzuholen.«[198]

Von hilflosem Ärger diktiert war offensichtlich folgendes Inserat des Architekten Bachstein von 1806: »Vor ohngefähr 2 Monaten ist mir mein Gartenhäuschen auf dem sogenannten Kirschberge, dem Badehause gegenüber, gewaltsamerweise erbrochen, und daraus alle meine Gartengeräthe gestohlen worden. Da dieses nun schon zum dritten Male geschehen, und man sich vielleicht einen Spaß daraus macht, so will ich dem Frevler hiermit bekannt machen, wenn derselbe es zum vierten Male wagen sollte, er gewiß ertappt werden wird.«[199]

Die zahlreichen Gärten in der Umgebung Weimars waren häufig von nächtlichen Einbrüchen und Diebereien betroffen, wobei nicht nur Werkzeug gestohlen wurden: »Es sind in einem Garten vor dem Kegelthor, in der Montagnacht, durch gewaltsamen Einbruch, 5 Bienenstöcke gestohlen worden; nachdem sie die Bienenstöcke ausgelert, haben sie selbige im sogenannten Rothäußers Garten liegen lassen. Da an der Entdeckung dieses Diebstahls, welcher in hiesiger Stadt schon oft vorgefallen, viel gelegen ist, so werden hiermit dem Entdecker dieses Diebes 2 Carolins zugesichert, und bittet man Anzeige davon bei A. D. W. zu machen.«[200]

Immer wieder bildeten auch die Gasthäuser Weimars ein Betätigungsfeld für Diebe. Erfolgsmeldungen wie diese waren freilich selten: »Wie am 18. d. M. der Gastgeber im goldenen Adler Hr. Büchner, in Weimar, von einem Fremden ansehnlich bestohlen worden, dieser aber alsbald durch verschiedene ausgeschickte reitende Boten verfolget worden ist, solches ist jetzt allgemein bekannt. Daß aber wir Endesunterzeichnete, nachdem uns der Dieb nach der genauen Beschreibung desselben auf der Straße zwischen Schwabsdorf und Rödigsdorf unter die Augen gekommen, angehalten und zu seiner Verhaftung die wesentlichsten Dienste geleistet, deswegen auch von Hrn. Büchner das versprochene Douceur erhalten haben, solches haben wir hiermit bekennen wollen. Joh. Nic. Eckardt. Joh. Cristoph Marschall aus Schwabsdorf.«[201]

Die Schenken waren zu allen Zeiten Tummelplätze undurchsichtiger Existenzen. Typisch war insofern auch der folgende offizielle Steckbrief, mit dessen Hilfe man eines Kellners habhaft werden wollte, der 1100 Laubtaler Schulden – ein beträchtliches Jahreseinkommen – hinterlassen hatte: »Signalement des entwichenen Kellners Christian Koch. Es ist derselbe in einem dunkelblauen Rock, grünlichen Manchester Beinkleidern, hellgrauen Chenille und rundem Huth, von hier entwichen. Er hat ein ziemlich volles, aber blasses Gesicht; etwas düsternen Blick, hellbraunes Haar, und, an der rechten Seite des Mundes, eine Warze, geht mit den Füßen etwas einwärts, doch ziemlich geschwind, und ist untersetzter, mehr kleiner als mittlerer Statur.«[202]

Steckbriefe wurden oft in der Zeitung veröffentlicht, wie auch amtliche Anweisungen, Hinweise, Verordnungen. Daß steckbriefliche Fahndungen des ›Criminalgerichts‹ auf diesem Wege erfolgreich sein konnten, belegt ein Fall vom Dezember 1818: »Seit einiger Zeit durchstreift ein Mensch, Namens Johann Heinrich Adam Fritsch aus Berlstedt, welcher 22 Jahr alt, und 3 Fuß 2 Zoll groß ist, blonde Haare, braune Augen, eine hohe Stirn, eine stumpfe Nase, einen gewöhnlichen Mund, ein rundes Kinn, und ein rundes Gesicht haben soll, die hiesige Gegend und läßt sich hie und da Betrügereien und Diebereien zu Schulden kommen. Wir fordern alle Localbehörden hierdurch auf, auf diesen Menschen achten, und ihn im Betretungsfalle arretiren zu lassen, sodann aber an uns einzuliefern.«[203] Eine Woche später hatte sich Fritsch gestellt.[204]

Zahlreiche Diebstähle gingen offensichtlich auf das Konto des Dienstgesindes, wobei unterstellt werden darf, daß oft nicht Bereicherungssucht, sondern Existenznot die Ursache gewesen ist. In Groß-rudestedt, einem Dorf im Sachsen-Weimarischen, wurden 1819 bezeichnenderweise folgende Gegenstände aus einem Haus entwendet: »2 blaue bunte leinene Tücher, zu Tisch- oder Korbtüchern bestimmt, $3^1/_2$ Ellen lang und 2 Ellen breit, 1 dergl. rothbuntes. 1 großes Bettuch, neu; 2 Weiberhemden, 3 Brüstchen; 3 Mannshemden; 1 Serviette von Zwillig; 3 Schürzen, eine davon blau unterbunden und zwei blauweiß gedruckt; 2 alte Weiberhemden geflickt.«[205]

Eventuellen Käufern des Diebesgutes wurde in der Regel die Rückerstattung der Kaufsumme angeboten oder ein angemessenes Douceur, ein Handgeld. Charlotte von Stein, die langjährige Freundin und Vertraute Goethes, glaubte dies offenbar nicht nötig zu haben, sondern rechnete wohl allein auf das Ansehen ihres Namens: »Sechs Stück Suppenteller, weiß und blau, Rudolstädter Porcelain, auf der Rückseite v. Stein gezeichnet, desgl. 9 Stück Speiseteller, eben so gezeichnet nebst einer runden Schüssel, sind entwendet worden, und wird gebeten, wenn es jemand sehen sollte, es gefälligst bei Fr. Oberstallmeister v. Stein abzugeben.«[206]

Am häufigsten wurden Kleidungsstücke gestohlen, was im hohen Anschaffungspreis begründet war. Immer wieder zeigte man z. B. leinene Männerhemden, leinene und seidene Schnupftücher, Handtücher, Mützen, auch kattunene Bettbezüge, Leinewand und Sackzwillich als gestohlen an; in den seltensten Fällen ist das Diebesgut sichergestellt worden. Sogar kirchliche Altartücher waren vor Diebstahl nicht sicher.[207]

Ertappte Täter wurden mit aller Strenge des Gesetzes bestraft. 1828 erhielt ein Dieb nach Strafverbüßung Landesverweis: »Der, in der nachstehenden Personenbeschreibung näher bezeichnete, Johann Conrad Kranz, aus Wandersleben, ist, nach von uns geführter Untersuchung, wegen Unterschlagung und Entwendung, in Gemäsheit zweier Erkenntnisse der Großherzogl. S. Hochpreislichen Landesregierung allhier, mit drei Monaten und vierzehn Tagen Gefängniß und zwanzig Hieben bestraft, vor dem Wiederbetreten des Großherzogthums bei körperlicher Züchtigung verwarnt und am 14.d.M. durch Gendarmeriecorrespondenz in seine Heimath geschoben worden. Wir machen dieses deshalb bekannt, damit Kranz, bei etwaigem Rücktritt in die hiesigen Lande, alsbald verhaftet und uns zugeführt werden möge. Weimar den 16. Mai 1828. Großherzogl. S. Criminalgericht. G. Schwabe. [–] Personenbeschreibung: Johann Conrad Kranz ist 19 Jahre alt, 5 Fuß weniger 2 Strich groß, aus Wandersleben gebürtig, lutherischer Religion, von untersetzter Gestalt, mehr länglicher als runder Gesichtsbildung, gesunder Gesichtsfarbe, blonden Haupthaaren, schmaler und bedeckter Stirn, kolbiger Nase mit etwas großen Nasenlöchern, blauen Augen, blonden Augenbrauen, gewöhnlichem Mund; gesunden und vollzähligen Zähnen; rundem Kinn und einem braunen Fleck in der Größe eines Sechsers auf dem Rücken besonders kenntlich.«[208]

Neben Textilien wurden oft Stiefel, Werkzeuge und Nahrungsmittel, weniger häufig dagegen Bargeld entwendet. Das hing damit zusammen, daß größere Geldbeträge nur selten in den Haushalten des Mittel- oder Kleinbürgertums zu finden waren, wie ja der Mangel an verfügbaren Zahlungsmitteln allgemein beklagt wurde; Besitz manifestierte sich vorrangig in Immobilien – Häuser, Grundstücke – und Sachen. Ein reiner Gelddiebstahl wie im April 1819, wobei 67 Taler, bestehend aus eingepackten ›Kopfstücken‹, fünf bayerischen Kronentalern, mehreren Viertelkronentalern, einem halben Kronentaler, einem preußischen Kronentaler, einem preußischen Viergroschenstück, entwendet wurden,[209] war relativ selten. Bezeichnenderweise waren es auch hier keine Goldmünzen, sondern gängige Sorten umlaufenden Geldes, meist die handelsüblichen ›Kopfstücke‹ oder ›Köpfchen‹, also Viergroschenstücke. Sehr selten kam es zu Diebstählen von echtem Schmuck, weil das Bürgertum kaum solchen besaß. Ein Fall wie der von 1819 in Apolda, wo Perlen, Diamantringe und gute Kleidung gestohlen worden waren, muß schon sensationellen Anstrich gehabt haben; 3 Louisd'or waren als Belohnung für die Wiederbeschaffung ausgesetzt.[210] Auch Wilderei war in den weimarischen Landen wenig zu registrieren, obwohl die Jagdleidenschaft Karl Augusts den Bauern der Umgebung gelegentlich zum Schaden gereichte. Goethe setzte im Dezember 1784 seine ganze Autorität ein, um den Herzog davon zu überzeugen, die ausgesetzten Wildschweine auf dem nördlich von Weimar gelegenen Ettersberg um des Schutzes der Felder willen wieder abschießen zu lassen.[211] Desgleichen ist Falschmünzerei offenbar nur selten aufgetreten, so im Jahre 1805: »Es rouliren falsche 20-Kreuzerstücke mit dem Bildnis Franz II. unter der Jahreszahl 1796. Der Stempel davon ist viel gröber als bey den alten; die Zahl 20 steht weiter oben als gewöhnlich. Dem Anschein nach bestehen solche aus einer Compostion, sie klappen bey dem Aufwerfen wie Bley. Von Seiten der Fürstl. General-Polizey-Direktion hat man daher das Publikum für die Annahme dergleichen falschen 20-Kreuzerstücke andurch verwarnen wollen.«[212]

Häufig wurde als Strafe der Landesverweis ausgesprochen; Männer traf er u.a. bei »Fälschung und Vagabondiren« oder bei »Theilnahme an Betrug und Vagabondiren« – so 1828 geschehen –, während Frauen wegen »Theilnahme an Betrug, Hurenleben und Vagabondiren« damit belegt wurden.[213]

Waren mutmaßliche Rechtsbrecher nicht geständig, griff man auch Mitte des 18. Jahrhunderts noch zur althergebrachten Praxis der Tortur. Erst unter der Herrschaft Karl Augusts kam es ab 1783 stillschweigend zu Einschränkungen, indem z.B. Daumenschrauben nicht mehr eingesetzt wurden. Felddiebstähle ahndete man kaum noch mit der barbarischen Strafe des Halseisens, und auch die auf das biblische Vergeltungsprinzip zurückgehende Todesstrafe wurde nicht mehr bedenkenlos ausgesprochen. Der 1783 verhängten und durch Ertränken vollstreckten Hinrichtung einer Kindsmörderin waren im ›Geheimen Consilium‹ zu Weimar längere Beratungen und Debatten vorausgegangen.[214]

Natürlich gab es auch Kuriosa, die wohl schon seinerzeit die Lacher gereizt haben, selbst wenn sich dahinter Familientragödien verbargen: »Warnung. Ich warne hierdurch Jedermann, meiner Ehefrau zu Nauendorf ein oder einige Effecten an Betten, Meubles u.dgl. abzukaufen. Die Effecten nehme ich als mein Eigenthum in Anspruch. Wornach sich Jedermann achten und vor Schaden hüten mag. Nicol. Munster.«[215] Und der Fuhrmann Friedrich Sachse inserierte: »Denjenigen, die meinem Sohne borgen oder sonst Vorschub leisten, zeige ich hiermit an, daß ich für nichts hafte.«[216]

Es war durchaus richtig, was 1808 dem französischen Stadtkommandanten Duroc geantwortet wurde, als der sich nach der weimarischen Polizei erkundigte: die Stadt habe nur »eine Polizei, um die Schornsteine fegen, die Straßen reinigen zu lassen«, eine »haute police« sei nicht nötig.[217]

Nur wenig später bedurfte es doch einer solchen Behörde, um Kapitalverbrechen aufzuklären. Franz David Gesky, einer der langjährigen Wärter im weimarischen Kriminalgericht, registrierte in den Jahren von 1813 bis 1824 insgesamt 5 Hinrichtungen, nachdem »seit etlichen dreißig Jahren niemand vom Leben zum Tode verurteilt worden war«. Am 13. März 1813 wurde Johann Gottfried Werner, dem zahlreiche bewaffnete Raubüberfälle zur Last gelegt wurden, auf dem Marktplatz, vor dem ›Elephanten‹, öffentlich durch den Strang hingerichtet. Dem Delinquenten wurden die Akten verlesen, anschließend brach der Richter den Stab über ihm, dann vollstreckte der Scharfrichter das Urteil. Im Jahr darauf, am 31. August 1814, wurde Johann Andreas Sommer hingerichtet. Angeklagt wegen mehrfachen Diebstahls, hatte er einen Gerichtsdiener während der Untersuchung erstochen, einen zweiten schwer verletzt. Sommer wurde daraufhin in die »Weife« gespannt »und konnte nun weder sitzen noch liegen«. Sein Urteil lautete: »Sommer wird auf einer Kühhaut geschleift, mit dem Schwerdt vom Leben zum Tode gebracht, und sodann seine Körper auf das Rad geflochten.« Auf dem Graben fand die mittelalterliche Exekution statt, wo die sterblichen Überreste des Delinquenten bis zum 2. Juni 1816 zur Schau gestellt blieben. 1820 richtete man einem Mann namens Hirschfeld mit dem Schwert, der seine schwangere Geliebte erschlagen hatte; im Jahr darauf erfuhr das gleiche Schicksal Johann Gottlieb Planer dafür, daß er im Verein mit seiner Frau seine Schwiegermutter »in Bosheit . . . recht gegürgelt« und schließlich getötet hatte. Johann Friedrich Weißmantel, der letzte Schwerverbrecher in dieser Reihe, hatte im November 1822 in Riethnordhausen Feuer gelegt, wofür er am 26. Januar 1824 zum außerhalb der Stadt errichteten Galgen geführt wurde.[218]

Die ›Weimarische Zeitung‹ berichtete im Februar 1828, des Abends sei »die reitende Post von vier Kerlen angefallen worden«[219], ein Vorfall, der militärische Aktionen nach sich zog. Ähnliches hatte sich Jahrzehnte vorher im eisenachischen Gebiet ereignet, wo sich Goethe tagelang an der Suchaktion der herzoglichen Jäger beteiligte, die allerdings erfolglos blieb. Verständliche Aufregung herrschte stets, wenn Strafgefangene aus dem Zuchthaus ausgebrochen waren, nach denen dann mit Steckbriefen wie dem folgenden aus dem Jahre 1814 gefahndet wurde: »Maria Elisabeth Gernhard, ein Mädchen von 20 Jahren, mittlerer Statur, corpulent, mit einem frischen, rothen, etwas blatternarbigen Gesicht, kleiner Nase, braunen Haaren ist aus der Gewahrsam des hiesigen Zuchthauses entsprungen, und man ersucht resp. veranlaßt daher alle Militär- und Civilbehörden hiesiger Lande, sie, wo sie angetroffen wird, anhalten zu lassen und an uns gefälligst einzuliefern.«[220]

Durch die Verbindung von Zucht- und Irrenhaus war die dortige Strafverbüßung zusätzlich verschärft. Friedrich Albrecht Klebe berichtete 1800 über diese Weimarer ›Häuser‹: »Beide sind auch hier, wie noch an vielen Orten, mit einander verbunden. Jenes ist blos für Verbrecher bestimmt. In diesem werden Wahnsinnige aller Art aufbewahrt. Um die Rasenden zu bändigen, hat man eine Methode erfunden, die vielleicht Nachahmung verdient. Man zieht den Rasenden Handschuhe von Zwillich an, die bis an die Schultern reichen und keine Finger haben; sie sollen Vorzüge vor den eisernen Banden haben, die man nur im Nothfall gebraucht. Wollen die Wüthenden sich auf keine Art bändigen lassen, so schnallt man ihnen einen breiten Gurt um, wodurch sie auf ihr Lager gefesselt werden. Wahnsinnige, welche vermögend sind, müssen ihre Verpflegung bezahlen, andere erhalten sie umsonst. Bei dem Hause ist ein Garten, in welchem die Melancholischen der frischen Luft genießen können.«[221] Da die Zuchthausstrafe in erster Linie abschrecken, erst in zweiter bessern sollte, sah man in der gemeinsamen Verwahrung von Straftätern und Irren nichts Verwerfliches.

Zwei öffentliche Fahndungen seien hier noch angeführt: »Der, eines Raubmords verdächtige, unten näher beschriebene, Gradirer Johann Friedrich Adam Eschner aus Stadt Sulza hat sich seiner Verhaftung durch die Flucht entzogen. Wir ersuchen alle Behörden der Großherzogl. Lande und fordern besonders die Dorfgerichtspersonen und Polizeisoldaten hierdurch auf, den gedachten Eschner im Betretungsfalle festzunehmen und unter sicherer Bedeckung hierher abzuliefern, sichern auch, mit höchster Genehmigung, für die Ergreifung und Einlieferung, desselben eine Belohnung von Ein Hundert Thalern aus Staatsmitteln hierdurch zu.[222] Diese Anzeige erschien 1832.

Charakteristisch für die soziale Situation unverheirateter Schwangerer ist folgendes ›klassisches‹ Verbrechen von 1814: »Aufforderung, ein gefundenes todtes Kind betr. Heute früh ist ein neugeborenes Knäblein in der Ilm gefunden worden, nachdem es wahrscheinlich in der vergangenen Nacht in einem zum Wasserkochen gebrauchten irdenen Topfe dahin versenkt oder geworfen worden war. Jedermann, dem von der Tat oder von der Mutter des Kindes etwas bekannt seyn sollte, besonders die Bezirksvorsteher der Residenz, die Gerichtspersonen der nahe gelegenen Orte, und die Hebammen werden bei ihrer Pflicht aufgefordert, alle, auch die entferntesten Verdachtsgründe uns schleunigst anzuzeigen.«[223]

Die Tötung eines neugeborenen Kindes erfolgte aus Angst vor der öffentlichen Meinung, aber auch aus nackter Existenznot.[224] Eine ledige junge Mutter wurde, falls sie den Vater des Kindes nicht angeben konnte (oder wollte), zu einer vierwöchigen Zuchthausstrafe verurteilt. In Sachsen-Weimar gab es eine andernorts nicht bekannte legale Möglichkeit, die Schande einer solchen entwürdigenden Strafe zu umgehen, indem sich die Schwangere durch die Behörden in das Entbindungs-Institut nach Jena einweisen ließ, wo die Praxis der Entbindungskunst gelehrt wurde.[225] Als ehrenrührig wurde freilich auch dies angesehen.

Soziale Ursachen dürften auch dem abschließend zitierten Fall zugrunde gelegen haben, denn mit dem Tode des Ernährers konnte die wirtschaftliche Situation der zurückbleibenden Witwe oft ausweglos werden: »Belobung. Als die, später erhängt gefundene, Witwe Anne Elisabethe Mar. Andrä zu Oßmannstädt, am 31. Juli v. J. versucht hat, im Ilmflusse unweit gedachten Ortes ihrem Leben ein Ende zu machen, haben die Gebrüder Christ. Adam und Wilhelm Heinrich Weischner zu Oßmannstädt, durch unverzügliches Herbeieilen und bewerkstelligte Landung der Andrä, wesentlich zur Lebensrettung derselben beigetragen und hat Julius Schlegel daher ohne Verzug das Band durchschnitten, an dem sich die Andrä bald nach dem ersten Vorfall aufgehängt hatte. Auf höhere Anordnung werden die drei genannten Oßmannstädter Ortsnachbarn hierdurch öffentlich belobt.«[226]

Das Weimar Goethes, Schillers, Wielands und Herders unterschied sich damit hinsichtlich der auftretendem Kriminalität kaum von vergleichbaren deutschen Städten jener Zeit.

Brand und Plünderung, Not und Tod

Katastrophen

UnglücksFälle. An der verwichenen Mittwoche hat ein hiesiger Bürger als er durch die Rittergasse gegangen, das Unglück gehabt, unter einen Schwarm Gänse zu gerathen, welche ihm fast das Leben genommen.

WWA, Nr. 7, 17. Februar 1759

Der Schriftsteller Willibald Alexis, der 1819 als junger Mann Weimar erstmals besucht hatte, beschrieb in seinen Erinnerungen die Empfindungen, die ihn beim Betreten der Stadt überfielen: »Das Herz pochte laut, schon eine Stunde vorher, mir war eigentlich bange vor dem ersten Anblick der Stadt, wo Herder, Wieland, Schiller schliefen, und Goethe lebte. Ob die Sinne es auch recht auffassen, ob ich auch recht würdig das heilige Pflaster betreten würde, das ihre Füße berührt. In einer so klassischen Stadt müsse alles klassisch sein, Straßen, Häuser, Menschen, Holz und Stein, das war so die ungefähre, dunkle Vorstellung, die ich aus der frühesten Knabenzeit mitherübergenommen, ohne als Jüngling mir Mühe zu geben, sie zu berichtigen. Herders Ernst, Schillers Idealität, Wielands Grazien, Goethes Größe dachte ich, müsse aus jedem Fenster, aus der Miene jedes Spaziergängers mir entgegen nicken.«

Die landläufig-präsente Weimar-Legende, auf die an anderer Stelle bereits verwiesen wurde, beherrschte auch den damals Zweiundzwanzigjährigen, der noch seinen bürgerlichen Namen Georg Wilhelm Heinrich Häring trug. Völlig richtig erkannte der spätere Alexis jedoch in seinen Memoiren, daß nicht die Schriften und Geniestreiche der Dichter und Schöngeister, sondern ganz handfeste Ereignisse das Leben der Weimarer Bevölkerung jener Jahrzehnte nachhaltig geprägt hatten. Er fuhr fort: »Was nun die Bewohner von Weimar anlangt, so wußte wohl ein jeder die Namen Göthe und Schiller; aber wenn ich von der großen Epoche der Stadt redete, so kannte die auch ein Jeder, und sprach gern und viel davon, wie man sich immer mit einem wollüstigen Kitzel des Schrecklichen erinnert. Aber die Weimarische Epoche ist nicht die Zeit der Dichter, sondern die Schlacht bei Jena, und es hat für den Weimarischen Bürger in Jahrhunderten bis auf den heutigen Tag nichts Merkwürdigeres gegeben, als wie die Franzosen drohend und plündernd zum Thor einzogen.«[227]

Merkwürdig, d.h. sich ins Gedächtnis einprägend, weil die Existenz des einzelnen berührend, waren in den 100 Jahren zwischen 1750 und 1850 fünf Ereignisse: der Schloßbrand von 1774, die Plünderung und Brandschatzung Weimars 1806, die Gefechte im Rahmen der Freiheitskriege 1813, der Theaterbrand von 1825 sowie Goethes Tod 1832.

Christoph Martin Wieland, zu der Zeit Prinzenerzieher, beschrieb den Schloßbrand vom 6. Mai 1774 wie folgt: »Als ich um 1 Uhr, meine gewöhnliche Zeit, vom Hofe gieng, dachte noch keine Seele an nichts, selbst auf der Cammer, wo das Feuer zuerst ausbrach, wurden die bis 12 Uhr daselbst arbeitenden Räthe und Subalternen nicht das Mindeste gewahr. Um halb zwey stund schon der ganze Dachstuhl des Schlosses ringsherum in vollen Flammen, und um 3 Uhr schlug es schon aus allen Kreuzstöken der herrschaftlichen Zimmer. Keine Menschliche Macht hätte das Schloß gegen die fressende Wuth der Flammen retten können. Es ist beynahe ein Wunder wie noch eine so grosse Menge von allen Arten von Möbeln aus dem ganzen Schlosse gerettet worden sind. Die ganze Stadt war in größter Gefahr, und erst in der Nacht um 3 Uhr konnten wir uns der Hoffnung sicher zu seyn, überlassen. Doch, ich habe weder Zeit noch Ruhe des Geistes genug um Ihnen eine Beschreibung dieses schrecklichen 6ten Mayes zu machen. Vom ganzen Schloß steht, außer den nackten steinernen Hauptmauern, nichts mehr als der Thurm und die Regierung; alles übrige ist ein Raub der Flammen geworden. Von den Herrschaftlichen Sachen, Kostbarkeiten, Geld und Möbeln ist das Meiste gerettet. Aber andre Personen, sonderlich die beyden Hofdamen haben ihr Meistes verlohren . . .«[228]

Bei der Beschaffenheit der Gebäudesubstanz – Fachwerk, lehmverschmiertes Weidengeflecht, Schindeldächer – breiteten sich Brände in den Siedlungen meist mit rasender Geschwindigkeit aus. Von größter Bedeutung war, ob und aus welcher Richtung der Wind wehte; der Verlust ganzer Gemeinden stellte noch im 18., z.T. bis ins 19. Jahrhundert keine Seltenheit dar, auch nicht in der Weimarer Umgebung: »Am Dienstag Abends sahe man allhier die ganze Spitze des Ettersberges erleuchtet und des andern Tages erfuhr man, daß in dem Erfurthischen Dorfe, Holestedt, 68 Häuser, ohne Scheuern und Stelle, nebst einer großen Quantität Getreyde, von den Flammen des Feuers verzehret worden.«[229] Im gleichen Jahre 1759 brannten in Großobringen, einem Dorfe unweit von Weimar, 30 Häuser und 27 Scheunen nieder.[230]

Auch in der Stadt Weimar gehörten Brände zu

den am meisten gefürchteten Katastrophen, die schlagartig die wirtschaftliche Existenz zahlreicher Einwohner vernichten konnten. Äußerster Einsatz aller war deshalb im Moment der Gefahr gefordert, entsprechend groß auch der öffentliche Dank, wenn es gelungen war, eine Feuersgefahr abzuwenden: »Bei den in der Nacht vom 8. zum 9. d. M. in dem Hause des Schlosser Meister Neuß in der Gerbergasse ausgebrochnen Feuer haben sich der Bäcker Mstr. Rückoldt am Graben, der Bäcker Mstr. Höhne am Graben, der Concessionist Krautmann und der Tüncher Mstr. August Heller allhier, durch Entschlossenheit und Thätigkeit besonders ausgezeichnet und dadurch das weitere Umsichgreifen des Feuers verhindert, wodurch Man sich veranlaßt sieht, diesen Bürgern im Namen ihrer Mitbürger hiermit öffentlich Dank abzustatten«[231], hieß es am 11. Oktober 1814 in der Zeitung.

Bis 1828 hatte sich trotz dauernder Bemühungen der Kommune um Verbesserung der Löschordnung und Löschtechnik an diesem Sachverhalt noch nicht viel verändert: »Durch die Aufmerksamkeit des Nachtwächters Michael Bärmann, wurden in der Nacht vom 11. zum 12. d. M. der volle Ausbruch eines Feuers in einem Hause auf dem Plan, glücklich verhütet. Es ist ihm deshalb nicht nur eine Geldprämie aus dem Commun-Etat zu Theil geworden, sondern es wird ihm auch die wohlverdiente öffentliche Belobung hierdurch ausgesprochen«[232], ließ Bürgermeister Karl Schwabe am 28. Februar 1828 einrücken.

In der ›Feuer- und Löschordnung für Stadt und Land Weimar‹ von 1835 wurden folgende Hauptursachen für ausbrechende Brände benannt: defekte, nur mit Papier verklebte Laternen, defekte Kamine und Öfen, offen brennende Späne, unsachgemäße Ascheverwahrung, leichtsinniges Tabakrauchen und Ausräuchern der Ställe. Jeder Hausbesitzer war verpflichtet, wassergefüllte Gefäße mit mindestens einem Eimer Inhalt (= 71,71 l) parat zu halten, dazu nach Möglichkeit »Gießschaufeln, Löschwische, Feuerpatschen«. Zum Löschen empfahl die Löschordnung »verdichtetes«, mit Holzasche, Kot oder Lehm versetztes Wasser; am besten geeignet sei Mistjauche.[233] Von der Stadt wurden öffentliche Spritzen, Feuerleitern, Feuerhaken bereitgestellt; jedes Viertel stellte Feuerwehren, die aus Hauptmann, Spritzenmeister, Rohrführern, Schlauchführern, Wasserträgern und Schöpfern bestanden. Die Wehren waren indes meist zu schwerfällig organisiert und oft zu unbeholfen im Umgang mit der Technik. Bei Einsätzen im Winter mußten die Spritzen auch bei Wassermangel weiterbewegt werden, um das Einfrieren zu verhindern.[234] Nicht zuletzt Schlendrian verhinderte zuweilen das Wirksamwerden dieser Brandbekämpfer, wie aus folgendem Inserat des Spritzenmeisters Elias Heinz vom März 1828 herausklingt: »Da ich erfahren habe, daß meine an der Spritze angestellte Mannschaft, bei dem Feuer in Niedergrunstedt sich betrunken und Karte gespielt habe, so verspreche ich demjenigen, der es gesehen und mir Anzeige davon machen kann, eine Belohnung von 5 thlr.«[235]

Nachdem 1797 die Scheunen am Schweinemarkt, dem späteren Karlsplatz, abgebrannt waren, brachte das Jahr 1825 nach dem Schloßbrand von 1774 die nächste, nicht als Folge kriegerischer Ereignisse entstandene große Brandkatastrophe, die besonders das Bildungsbürgertum schmerzlich betraf: den Theaterbrand vom März 1825. Bereits im Spätwinter des Jahres hatten Sturm und Feuer Angst und Schrecken in der Stadt verbreitet: »Die freundliche Sonne, die uns heute den stillen Wintertag vergoldet, ist ein schöner Ersatz für die wüthenden Stürme, die gestern und vorgestern auch bei uns Häuser abdeckten, Fenster zertrümmerten und andern Unfug trieben, daneben auch eine Feuersbrunst begünstigten, die in der Nacht in der Windischen Gasse entstand, zum Glück aber noch gelöscht wurde, ehe sie noch das Innere des Hauses überschritt«[236], schrieb Charlotte von Ahlefeld an Karl Ludwig von Knebel am 4. Februar 1825, nicht im entferntesten ahnend, daß sie rund drei Wochen später, am 26. März, dem gleichen Korrespondenzpartner noch schlimmeres Unglück würde zu melden haben: »Der Schreck über den nächtlichen Brand unseres guten alten Theaters hat uns allen, die wir so frei sind, uns zu den Ihrigen zu zählen, nichts wesentliches geschadet, außer daß Frau von Stein durch die mit einem solchen Vorfall verbundene Unruh (denn sie hatte doch das Bett verlassen, bis sie wußte, wo das Feuer war), matter und angegriffener als vorher ist. Hätte nicht die Furcht, daß Jemand verunglükken könnte, mich geängstigt, so würde ich, da es doch einmal nicht zu ändern war, diesem prächtigen Schauspiele die beste Seite abgewonnen und mich, da ich es in meiner Wohnung ganz genau sehen konnte, an diesem schönen Anblick geweidet haben. Besonders imposant war der Sturz des Daches, das, von dem Wehen der Flammen gleichsam gelöset und gehoben, nun mit gewaltigem Krachen in sich selbst versank, und eine schwarze Dampfwolke emporschickte, der nachher die volle, unermeßliche, bei dem, Gottlob! stillen Wetter gerade aufsteigende Gluth folgte.«[237]

Wie machtlos die städtischen Feuerwehren dem nächtlichen Brand gegenüberstanden, verdeutlicht noch klarer die briefliche Schilderung des Ereignisses durch Henriette von Egloffstein: ». . . wenn die Not am größten ist, dann zeigt sich uns Gottes Hülfe am nächsten. Dies haben wir schon so oft, besonders aber heute noch erfahren, weil in der Nacht Feuer im guten alten Theater auskam, gerade in der Zeit, wo alle Menschen im tiefen ersten Schlaf lagen. Denke Dir nur, daß die gute Tante eine der ersten war, die Lärm machte, weil sie den armen, lahmen Theatermann schreien und heulen hörte. Von ihr geweckt, sprang ich auf und ans Fenster, wo ich in der sternenhellen, stillen Nacht den Umriß des Theaterdaches, aber über demselben eine schwere, dicke Wolkenmasse erblickte, die mich gleich von der Größe der Gefahr überzeugte. Ich lief darauf nach der Garderobe, um unsere Mäntel zu holen, da wurde in demselben Moment der Himmel wie in Flammen getaucht, die alten Schindeldächer mit Feuer überströmt, und in die vorderen Zimmer zurückstürzend, sehe ich schon das ganze Theater in Flammen prasselnd . . ., aus allen Fenstern Feuerströme wallend in die Lüfte ziehen. Haushoch über das Palais hinaus schlug die Flamme und bildete eine perpendikuläre Feuersäule, die, Gott sei ewig gepriesen, kein Hauch, kein Lüftchen bewegte. Denke Dir aber bei diesem entsetzlichen Anblick den Schmerz, noch keine Seele auf der Straße zu sehen! Allein, Menschen waren fern, weil Gott seinen Engeln die Rettung unseres lieben Weimar aufgetragen hatte. Denn so wie das Feuer war, hätte die ganze Stadt untergehen können, wenn ein leiser Wind sich erhob. Aber es blieb still wie in einer sanften Frühlingsnacht, und nach eineinhalb Stunden konnte man mit dem schmerzlichen Ausruf auf unser liebes gutes Theater sagen: il a existé. – Das treue, bescheidene Haus war verschwunden, nichts zu retten gewesen, was es enthielt . . .«[238] Das Theater wurde in der Rekordbauzeit von nur neun Monaten wiedererrichtet; wesentlich länger dauerte es, in der Stadt Bedingungen zu schaffen, um solche verheerenden Brände zu verhindern.

Auch kleinere Ereignisse bewegten in den Jahren zwischen 1774 und 1825 die Gemüter, waren aber bald wieder aus dem Gedächtnis der Bevölkerung geschwunden, weil sie nicht die große Allgemeinheit betrafen, sondern nur einzelne. Da gab es Überschwemmungen der Ilm, da grassierten Seuchen und Epidemien, da stürzte einer vom Pferd und brach sich den Hals, und da kam einmal – 1819 – ein Gerücht auf, das wochenlang die Gemüter der ›aufgeklärten‹ Residenz bewegte, bis sich die Behörden zum Einschreiten veranlaßt sahen: »Es hat sich seit mehreren Wochen in hiesiger Stadt die Sage verbreitet, es sey der schnell an den Folgen eines Blutschlages verstorbene Stadtthürmer Kesselring lebendig begraben worden. Bei einer angestellten nähern Untersuchung hat sich über den Ursprung dieses Gerüchtes folgendes ergeben: als man am 13. Januar Abends gegen 11 Uhr auf dem neuen Kirchhof eine Leiche in die Erde versenkte, so wollten mehrere der Umstehenden ein, dem Zuwerfen einer Thür ähnliches Geräusch vernommen haben, und es wurde von einem der Anwesenden auf die Frage, woher wohl dieser Schlag gekommen? entweder aus einem übel angebrachten Scherz, oder aus eigener Furcht geantwortet, es poche in einem Grabe. Seit jener Zeit hat sich diese Sage mit mancherlei ungereimten Zusätzen und lügenhaften Ausschmükkungen dahin verbreitet, daß der Stadtthürmer Kesselring lebendig begraben worden sey und am 13. Januar Abends in seinem Grabe gepocht habe. Grosherzogl. Landes-Direction hält es, um jeden Zweifel über dieses Gerücht zu beseitigen, für räthlich und notwendig, dessen Veranlassung, und besonders den Umstand, daß Kesselring bereits den 31. December vorigen Jahres beerdigt wurde, auch daß neben seinem Grab, in dem Zeitraum vom 1. und 13. Jan. bereits mehrere Leichen versenkt wurden, hiermit öffentlich bekannt zu machen.«[239]

Kein Ereignis jedoch hat sich als Schreckensszene stärker in das Bewußtsein der Mit- und Nachwelt eingegraben als die Flucht der Preußen durch Weimar nach der Schlacht von Jena und die nachfolgende Brandschatzung der Stadt durch die siegestrunkenen Franzosen. Friedrich Gentz berichtete über die Tage vor der Hauptschlacht:

»Wir kamen um 11 Uhr nach Weimar, und ich war überrascht und betroffen von dem Bild, das sich meinen Augen bot. Eine Verwirrung, wie ich ihr noch nie begegnet war; die Straßen mit Truppen, Pferden, Bagagewagen vollgestopft; mitten drin Offiziere jeder Waffengattung, Generale, Personen aus dem Gefolge des Königs, die ich hier nicht erwartet hatte. Die Wagen stauen sich; ich sehe den Kabinettsrat Lombard herankommen, der, bleich und erschöpft, mich fragt, ob sein Bruder mit mir gefahren ist, dann ganz herantritt und mir sagt: ›Wissen Sie denn, was hier vorgeht? Wir haben eine Schlacht verloren? Prinz Ludwig ist gefallen.‹ Dieser plötzliche Schlag war außerhalb meiner Berechnungen und überstieg meine Befürchtungen. Ich war wie vernichtet durch ihn. Ein so grausames Unglück hätte allein genügt, mich zu Boden zu drücken; hier bot es sich noch umgeben von den unheilvollsten Vorzeichen und als häßlicher Vorläufer anderen tödtlichen Geschickes. Ich eile fort, ohne zu wissen, was ich tue, ich sehe Herrn von Schladen und den Grafen Goertz mitten unter der Menge; ich stürze mich auf ihren Wagen und bitte sie um Auskunft, nicht über das Mißgeschick des vorherigen Tages, über das ich mich schon mehr als genug unterrichtet fühlte, sondern darüber, was ringsumher vorgeht. Man sagt mir: ›Das Hauptquartier ist hier; der König und die Königin sind eben eingetroffen; der Vormarsch der Truppen ist unterbrochen; der Herzog läßt sie ein Lager beziehen; alles ist in der größten Verwirrung.‹ Bei diesen Worten verläßt mich fast die Besinnung; die letzten Reste Hoffnung, die sich noch in meiner Seele bargen, schwanden wie ein trügerischer Traum, und vor mir öffnet sich der Abgrund.

Der Schwarm drängt mich weiter; ich komme zur sogenannten Esplanade. Ich sehe dort drei- oder vierhundert Offiziere jeden Grades und jeder Farbe. Ich sehe dort auch preußische und sächsische Husaren, unter ihnen mehrere schwer verwundet. Ich frage links und rechts nach Neuigkeiten. Ich erfahre allmählich alle Einzelheiten des unglücklichen Gefechts von Saalfeld. Ich erfahre zugleich die schlimmen Nachrichten vom Regiment Tauentzien, das am 9. bei Schleiz angegriffen und mit beträchtlichem Verlust zurückgeworfen worden ist.«[240]

Die Weimarer Ereignisse am Tage der Schlacht, am 14. Oktober 1806, beobachtete Georg Reinbeck: »Ich kam zur Stadt. Der König von Preußen war eingetroffen, sein Cabinet mit ihm. Die Herren wandelten in weißseidenen Strümpfen, gestickten Uniformen, gepuderten Haaren und Haarbeuteln oder Zöpfen durch die Straßen. Die ganze Nacht hindurch zogen Geschütze und Pontons mit dumpfem Gerassel an meiner Wohnung vorüber. Das Lager war abgebrochen. – Am frühen Morgen ertönten die dumpfen Schläge des groben Geschützes. – Ganz Weimar war auf den Beinen. Es wogte in den Straßen, und darunter sah man die preußischen Herren mit ängstlichen Mienen den dumpfen Schlägen lauschen. Mancher Neugierige wanderte hinaus dem Geschützdonner zu. Dieser wurde immer vernehmlicher. Etwa gegen Mittag sprengte ein preußischer Adjudant herbei und traf Anordnungen zum Transport des Trains. Ich trat zu ihm und fragte ihn, wie's stünde. – ›O gut‹, sagte er, ›wir sind im Vortheil‹; seine Anweisungen aber wiesen nach Erfurt zu. – Ein dürrer gelblicher Mann in preußischer Staatsuniform, der an einem Eckpfeiler lehnte, fragte mich, was der Adjudant gesagt habe, und als ich es ihm mitteilte, erwiderte er: ›Glauben Sie mir, die Schlacht ist verloren!‹ – ›Ich habe eben französische Gefangene einbringen sehen‹, erwiderte ich. – ›Das bedeutet nichts‹, antwortete er, und eilte schnell hinweg. – Ich stand verdutzt da und erkundigte mich bei den Umstehenden, ob Niemand den Herrn kenne. ›Es ist Lucchesini‹, war die Antwort, und jetzt – gestehe ich – jetzt sank mir der Muth.«[241]

Am Abend des 14. Oktober gab es keine Neugierigen mehr, nur noch Betroffene. Theodor Götze erinnert sich: »Kopflos und in Verzweiflung ritt, rannte und fuhr alles wild durcheinander und entledigte sich der Waffen und des Gepäcks. Überall, wo man nur hinsah, erblickte man Gewehre, Säbel, Patronentaschen, Tornister usw., so daß man im Laufen oft genöthigt war, darüber weg zu springen. In den Chausseegräben lagen voneinander geborstene Koffer mit Offizierequipage, Wäsche, Uniformen, reichgestickt, silberne Schärpen, Epauletts, Ringkragen und dergleichen mehr. Kein Mensch dachte daran, nur ein Stück dieser Effekten aufzuheben und an sich zu nehmen. . . .

Über die Kegel- und Sternbrücke zu kommen, war reine Unmöglichkeit, man mußte gewärtig sein, im Gedränge überritten oder überfahren zu werden. Es blieb mir daher nichts übrig, als meinen Heimweg durch den sogenannten Stern und oberhalb des Parks einzuschlagen.

Erfüllt von Sorgen für die Meinigen daheim, eilte ich durch die sogenannte ›Ackerwand‹ dem Frauentore zu. Hier kam schon im schnellsten Trabe, die Chaussee von Belvedere her französische Reiterei, so schnell, daß, ehe ich den Frauenplan erreichte, der Vortrab schon zum Tore herein war.

Gleich einem gescheuchten Wild eilte ich durch die öden, menschenleeren Straßen der Stadt, kein lebendes Wesen war zu sehen. Alle Haustüren, Tore und Fensterläden sorgfältig geschlossen. Angekommen beim Rathause, vernahm ich in der Breitengasse mehrere hintereinander folgende Gewehrschüsse und verworrenes Geschrei. Die Schloßgasse herauf kamen französische Reiter im Galopp dahergesprengt. Vor der Wohnung des Hofböttchers Bürk fand Gefecht zwischen preußischen Füsilieren und französischer Kavallerie statt, von beiden Seiten lagen schon Tote auf der Sträße. Mehrere Kanonenschüsse, welche die Franzosen über die Stadt weg nach der Erfurter Chaussee und nach dem Ettersberge zu den fliehenden Preußen nachsendeten, unterbrachen die Stille. Einige solcher Kugeln befinden sich als Andenken noch hier an verschiedenen Häusern eingemauert.

Am Anfange der Kegelbrücke bei der Burgmühle hatte sich das erste Gefecht innerhalb der Stadt entsponnen, indem die letzten preußischen Truppen, die wackeren Füsiliere, sich Schritt vor Schritt verzweifelt wehrten und dem Feinde das Eindringen in die Stadt auf alle nur mögliche Weise streitig zu machen suchten. Sie mußten jedoch endlich der Übermacht weichen und ihren Mut und ihre Pflicht teils mit dem Leben, teils mit schmählicher Gefangenschaft büßen. Auf dem Topfmarkt beim Eingang in die Vorwerksgasse fanden ebenfalls Gefechte statt, und von beiden Parteien lagen schon Tote auf der Straße. Halb fünf Uhr erreichte ich endlich meine Wohnung . . .«[242]

Ein anderer Weimarer, Eduard Genast, erlebte den tumultuarischen Einzug der Franzosen in der Jakobsvorstadt: »Ich lief wieder in die Vorderstube an das Fenster, vor welchem sich die Scene furchtbar verändert hatte. Nicht mehr einzelne Flüchtlinge, sondern ein Gewühl aller Waffengattungen, Munitions- und Bagagewagen, auf denen Verwundete lagen, rasten vorüber; Marketenderinnen und Musketiere jagten auf Pferden vorbei, die wahrscheinlich von den Geschützen abgeschnitten waren; jedes Pferd hatte zwei Menschen zu tragen, und wer keinen solchen Platz hatte gewinnen können, der hing an den Strängen um nur schneller fortzukommen; dabei erfüllte Geschrei und Wehklagen fortwährend die Luft. Das war keine Retirade mehr, sondern die wildeste, sinnloseste Flucht. Nachdem der ganze Troß vorüber war, wurde es in unserer Straße auf kurze Zeit todtenstill.

Etwa zwanzig Schritte von unserem Hause entfernt lag der alte Stadtgraben, der nach der Ilm führte und bis dahin von einem schützenden Geländer begrenzt war. Von unserem geöffneten Fenster aus konnten wir das ganze Terrain übersehen. Da kamen etwa zwanzig Mann sächsischer Dragoner mit einem jungen Offizier an der Spitze die Straße herauf geritten; ich sehe die roten Colletts, weißen Bandeliere und dreieckigen Hüte noch vor mir. An dem Stadtgraben hielten sie auf Kommando still und der junge Anführer rief: ›Wer seinem Fürsten und Vaterland treu ist, der halte Stand!‹ Die alten bärtigen Kerle standen; wieder einige Minuten vergingen, da kamen französische Chasseurs, ihren Obristen an der Spitze, ebenfalls die Straße herauf. Mit Zittern sah ich die stolzen Reiter herangesprengt kommen; wie sie etwa noch hundert Schritt von den Dragonern entfernt waren, machten diese linksum und jagten davon; nur das junge Offizierchen ließ den Feind ganz nahe herankommen, feuerte seine beiden Pistolen gegen denselben ab und sprengte dann erst den andern nach. Der Obrist hielt einige Chasseurs, die ihm nachwollten, mit vorgehaltenem Degen zurück und lächelte dem jungen Bürschchen recht wohlgefällig nach. Die Franzosen kamen nun näher heran und ich mußte das Fenster schließen; aber ganz entzückt über die Courage des jungen Sachsen und die Großmuth des Franzosen, konnte ich es nicht unterlassen, hinter den Vorhängen noch den Chasseurs nachzusehen, die mir in ihren grünen Jacken und rothen Aufschlägen, in ihren Helmen mit Tigerbesatz und Roßschweifen gar zu wohl gefielen. – Als es nun anfing dunkel zu werden, hörten wir Trommeln und Pickelflöten immer näher kommen, und endlich stellte sich in unserer Nähe ein Corps auf, welches mir wahres Grauen einflößte: wilde, bärtige Kerle mit langen, schmutzigen Leinwandkitteln und Hosen, dreieckigen Hüten mit einem Löffel darauf. Der Vater erkannte sie als die sogenannten Löffelgardisten und meinte: ›Wenn denen freier Spielraum gegeben wird, so sei Gott uns gnädig!‹ Diese Worte waren das Signal für mich und meine Schwester, daß wir laut zu weinen anfingen . . .«[243]

Auch Reinbeck war 1837 der Beginn der Plünderung noch gut in Erinnerung: ». . . das Schloß war gerettet. Nicht so Weimar. – Es entstand auf dem Kirchenplatze plötzlich ein furchtbares Stampfen mit Gewehren und Jauchzen. – Weimar war den Truppen zur Plünderung versprochen und es wurden ihnen brennende Lampen dazu ausgetheilt. – Wie die höllischen Geister stürzten sie nun mit aufgestecktem Bajonett durch die Gassen und in die Häuser. – Da krachten die eingebrochenen Thüren, – da erscholl das Jammergeschrei der Bewohner. –«[244]

Karl Sondershausen verglich die poesiesüchtige Weimarer Bürgerwelt der Vergangenheit mit der Wirklichkeit am Abend des 14. Oktober: »Es wird Nacht. Der ›gute Mond‹ geht heute nicht stille auf, er geht gar nicht auf. Statt seiner entbrennt die Fakkel der Zerstörung: ›Feuer!‹ schreit es, ›Feuer!‹ Die Stadt brennt. Kugeln sausen über sie hin, Chasseurs durch die Straßen nach Erfurt zu, die Fliehenden zu verfolgen. Stumm ängstliche Pause auf diese Ouvertüre, Gruppen an Gruppen dann, Marodeurs mit brennenden Lichtern unter stehengebliebenen Pulverwägen, Scenen der Plünderung. Was zeigt sich in den aufgebrochenen, dunkelen Stuben? zusammengekauerte Familien. Die ›Corinne‹ der Staël ist bei Seite gelegt, ›Trost in Thränen‹ und ›Nachtgesang‹ Goethe's verstummt am Klavier; Wein und Weißbrod stehen bereit, die einzige Sauvegarde gegen Gewalt. So kömmt der Morgen – Wallensteins Lager in der Wirklichkeit.«[245]

Zahlreiche Weimarer wurden schwer in Mitleidenschaft gezogen, und dem beherrschten Auftreten von Herzogin Luise gegenüber Napoleon und dem Bitten eines Handwerkers war es schließlich zu danken, daß der Plünderung Einhalt geboten werden konnte. Die Familie von Christian August Vulpius, dem Schwager Goethes, behielt an Besitz nur, was sie auf dem Leibe trug; die erste Nacht mußten die Eltern und zwei Kinder getrennt im Park verbringen, da das Haus besetzt war. Charlotte von Steins Wohnung wurde ausgeplündert; sie war danach fast eine arme Frau zu nennen. Gebäude waren abgebrannt, Existenzen zerstört, einzelne Leben zu beklagen. Weimars Bevölkerung – so überlieferte Schätzungen – wurde durch die Plünderungen binnen eines Tages und zweier Nächte um rund 140000 Reichstaler ärmer, büßte mehr als 3000 Stück Zug- und Schlachtvieh ein, desgleichen fast 7000 Weimarische Scheffel Getreide, Wäsche im Wert von 56000 Talern, Silberzeug für 20000 Taler, Möbel für 11000 Taler, sonstiges Inventar für 70000 Taler. 71000 Liter Wein, Bier und Branntwein sollen im Verlauf dieser 60 bis 70 Stunden durch vorwiegend französische Soldatenkehlen geflossen sein.[246] Noch Wochen nach dem Schreckenstage ließen Annoncen ahnen, welche Tragödien sich abgespielt hatten: »An dem Tage, wo die preußischen Truppen durch hiesige Stadt retirirten, und die Französischen einrückten, sind mir Unterzeichneter, meine vier Kinder unter das Gewühle von Menschen gekommen und wahrscheinlich aus Angst noch nicht wieder zurückgekommen. Drey waren weiblichen Geschlechts. Die Aelteste 18 Jahr, die Zweyte 16 Jahr, die Dritte 4 Jahr, und der Knabe 13 Jahr. Sollten selbige Jemandem zu Gesicht kommen, der wird von mir gebeten, sie zu ermahnen, daß sie zu ihrer betrübten Mutter zurückkehren möchten.«[247] Drei Wochen nach der Schlacht las man folgende Anzeige des Tischlermeisters Johann Samuel Johler: »In der unglücklichen Nacht vom 14. wurde auch meine Wohnung ein Raub der Flammen. Mit fünf unerzogenen Kindern, alles Vermögens beraubt, indem wir nichts retteten, als was wir eben an uns trugen, habe ich jetzt eine Wohnung in dem rothen Schlosse, in der ehemaligen Fürstl. Kellerey bezogen. Unverschuldetes Unglück kann man ohne zu erröthen, öffentlich gestehen, und so bitte ich das Publikum, besonders aber meine Freunde und Gönner, mich in meiner traurigen Lage dadurch zu unterstützen, daß sie mich durch Arbeit in den Stand setzen, meinen Unterhalt für meine unerzogenen Kinder zu verdienen.«[248]

Nicht ganz so hart traf es Angehörige des mittleren Kleinbürgertums, die sich noch auf einige Vermögenswerte Hoffnung machen konnten: »Ich ersuche diejenigen«, bat der Kaufmann Johann Zacharias Theuß, wohnhaft am inneren Jakobstor, »welche die gute Absicht gehabt, von meinen Waaren und Effecten etwas in Sicherheit zu bringen, und solches an sich genommen haben, mir diese geretteten Sachen wieder zu bringen, diejenigen aber, die sich durch meinen Ruin haben bereichern wollen, ermahne ich, mir baldigst mein Eigenthum wieder zuzustellen, da ich selbst von allem entblößt bin und also diejenigen nicht schonen kann, von denen bereits bekannt ist, daß sie Waaren, Betten und andere Sachen aus meinem Hause weggetragen haben.«[249] Theus mag manches von seinem Besitz wiedererhalten haben, kaum aber der Geschädigte im folgenden Falle: »Ein paar Schweine von mittlerer Größe, sind den Dienstag, als den 14. dieses Monats, Abends, oder in der Nacht, aus einem Hause auf dem Töpfenmarkte herausgelaufen. Sollte selbige Jemand eingefangen haben, der wird gebeten, sie gegen den Ersatz des Futtergeldes, und zwei Laubthaler Douceur, zurückzugeben.«[250]

Welt- und lebenserfahrene Personen wie die weitgereiste Johanna Schopenhauer hatten in weiser Voraussicht des Kommenden vorgesorgt und waren tatsächlich unbeschadet über die kritischen Tage gekommen. An ihren Sohn Arthur schrieb sie am 19. Oktober 1806: »Ich erfuhr erst gegen 9 Uhr von Mademoiselle Conta, die bey uns im Hause ist, daß man kanoniren höre und eine nahe Schlacht vermuthe. Nun rief ich Sophien, mein Schmuck ward in mein Korsett genähet, das ich anzog; ich hatte mir Tage vorher von einem hiesigen Kaufmann 50 Louisd'or in Silber gegen einen Wechsel geben lassen, um mein Geld zu schonen, denn es war keins mehr in der Stadt zu haben. Ich hatte noch über 100 Louisd'or in Gold, die in eine Art Gürtel genähet waren, den Sophie auf den bloßen Leib band. Mein Silberzeug hatte ich schon gepackt; dies, die Wäsche und was ich sonst der Mühe werth hielt und fortnehmen durfte, ohne das Haus ganz zu entblößen und Verdacht zu erregen, wurde in eine kleine Kammer neben dem Boden gebracht und eine Menge Holz und Reisig darüber geworfen, so daß es wie eine Holzkammer aussehen mußte. Andere Dinge wurden im Keller vergraben und eine Menge Kartoffeln darüber geworfen; in weniger als anderthalb Stunden war Alles in Ordnung.«[251]

Das Leben normalisierte sich erstaunlicherweise relativ schnell; auch eine Hungersnot trat nicht ein. Schon am 1. November wurde die polizeiliche Forderung veröffentlicht, wieder mittwochs und sonnabends vor den Häusern zu kehren. Das Rauchen auf der Straße war – wie früher – untersagt, vor dem leichtfertigen Umgang mit Patronen und Brandsachen wurde nachdrücklich gewarnt, das freie Herumlaufen der Hunde war verboten und Fremde waren wieder meldepflichtig.[252] Fast atmeten die Berichte bereits wieder die kleinstädtische Beschaulichkeit der Zeit vor der Plünderung. Am 7. November schrieb Johanna Schopenhauer an ihren Sohn: »Wir sind jetzt ganz ruhig, wir haben einen Kommandanten, aber fast keine Garnison, unsere Bürger versehen die Posten am Schloß, beym Kommandanten und an den Thoren und die Patrouillen bey Nacht, kein Rang und Stand schließt von diesem Dienste aus; possierlich ists, wenn man so seine Bekannten Schildwache stehen sieht; letzt sah ich so den jungen (Landkammerrat Karl) Bertuch und Prof. Meyer vor der Hauptwache, sie haben recht ordentlich das Gewehr vor mir praesentirt, des Abends wird mir oft eine gute Nacht von meinen Freunden zugerufen, die in Wind und Regen für meine Sicherheit wachen. Alle thun es gerne; die Noth vereint alle und weckt schlummernde Kräfte da, wo man ihr Daseyn nicht ahndete . . .«[253]

In den folgenden Jahren blieb es in Weimar relativ ruhig. 1811 kehrten – herzlich willkommen geheißen – die zwangsrekrutierten Weimarer nach Hause zurück, die unter französischen Fahnen in Spanien hatten fechten müssen.[254] Erst 1813, nach der Niederlage Napoleons in Rußland, kam es in und um Weimar erneut zu Kämpfen. Theodor Götze berichtete, daß am Osterfest 1813 erstmals preußische Husaren und freiwillige reitende Jäger überraschend in der Stadt erschienen seien und die schwache französische Besatzung gefangen mit sich geführt hätten. Tags darauf wurde die Stadt offiziell von den Preußen besetzt: »Weimars Bewohner bewillkommneten die ankommenden Gäste als gute Herzensfreunde und Erlöser aus aller Not, sie wurden aufs beste und nach allen Kräften bewirtet, und den Nachmittag und Abend hindurch bis spät in die Nacht hinein wurde in dem Rundteile der Wilhelm-, jetzigen Kasernenallee wacker getanzt und gezecht.«[255]

Am 21. Oktober 1813 erlebte die Stadt die letzte militärische Aktion der Befreiungskriege auf ihrem Territorium. Sie war zu der Zeit von russischen, ungarischen, preußischen und österreichischen Verbänden der Verbündeten besetzt:

»Es mochte ungefähr vier Uhr herangekommen sein, als mehrere Einwohner, die vor dem Jakobstor nach Lützendorf zu mit Kartoffelausmachen beschäftigt waren, in aller Eile in die Stadt kamen, mit der Nachricht, die Franzosen seien im Anmarsch auf die Stadt zu. Die sogenannte Ochsenwiese sei ganz angefüllt mit ihnen, auch führten sie Geschütz bei sich und ihre Ankunft würde keine Viertelstunde mehr dauern. Mit einem Male wurde reges Leben, Kosaken sprengten über die Kegelbrücke, den dort über der Altenburg lagernden Kosakenhetman von der Ankunft des Feindes zu benachrichtigen und Verstärkung an sich zu ziehen.

Währenddem rückten die Franzosen, über den

Ettersberg kommend, von der Buttelstedter Militärstraße von Kleinobringen und Ramsla her unaufhaltsam der Stadt zu und begrüßten solche mit ein paar Kanonenschüssen. Der erste Franzose, der sich wieder in der Stadt zeigte, war ein Trompeter von einem Husarenregiment, welcher einen Kaiserlich österreichischen Dragoner, der eben sein Pferd von der Albothschen Schmiede am Eingang der Wagnergasse beschlagen ließ, mit einem Pistolenschuß tötete. Seine Tat und sein kühnes Vorrücken mußte er mit dem Leben bezahlen, denn ein ungarischer Husar engagierte sich mit ihm am Eingang der Vorwerksgasse und spaltete ihm den Kopf, daß er tot vom Pferde fiel.

Diesem Trompeter folgten vierzig bis fünfzig Mann Kavallerie, lauter Offiziere verschiedener Regimenter, und hielten am oberen Eingang der Gerbergasse an der Ecke des Bäcker Höhneschen Hauses, von wo aus sie mit Schimpfreden die vom unteren Ende der Gerbergasse heraufkommenden Kosaken harangierten. Jedoch ein wohlangebrachter Kartätschenschuß aus einer mitgeführten maskierten Kanone auf den Trupp, der auch gleich mehrere verwundete und einem Offizier sein Pferd unter dem Leibe tötete, machte ihrem Harangieren ein schnelles Ende. In demselben Moment machten die von der Gerbergasse heraufkommenden Kosaken, sowie die von der Jakobsstraße herbeieilenden ungarischen und einige preußische schwarze Husaren einen lebhaften Chock auf die Franzosen, so daß solche über Hals und Kopf regellos durcheinander flohen, beim Gasthof zum alten Löwen aber eingeholt, etliche niedergehauen und mehrere gefangen wurden.

Eine starke französische Infanteriekolonne mit Geschütz – man sagte, Napoleon selbst habe sich an der Spitze befunden – hatte sich indessen auf Gewehrschußweite der Stadt genähert. Aus der Stadt, in der schon, und zwar vor dem Jakobstore, Gefechte stattgefunden hatten, sowie an der Stadtmauer bei der ehemaligen Wassertüre am Kettenberg, wo die französischen Husaren und Chasseurs, von den Kosaken verfolgt, ihre Pferde im Stiche ließen und ihr Heil in der Flucht über die dasige Stadtmauer gesucht hatten, fanden dergleichen Gefechte statt.

Von der andern Seite des krummen Weges, der nach dem Bürgerrödchen führt, kam in Eile der Kosakenhetman Platow mit 1500 Mann den Franzosen in die Flanke. Der verstorbene General und Oberstallmeister von Seebach hatte solchen unterhalb des Büchsenschützen-Schießhauses durch den seichten Ilmfluß den Berg hinauf am ehemalig Prellerschen Garten, über die Äcker weg, dahin geführt.

Das unerwartete Erscheinen der Kosaken von allen Seiten brachte panischen Schrecken unter die Franzosen, während noch von der Stadt her Kosaken und ungarische Husaren sowie österreichische Dragoner zum Angriff heranrückten. In wilder, unordentlicher Flucht, mit Zurücklassung ihres Geschützes und vieler Gefangenen, suchten sie das Weite. Von seiten der Russen blieben drei Mann und zehn wurden verwundet. Auf französischer Seite blieben acht bis zehn Mann, und 150 Gefangene wurden eingebracht, worunter sich viele Offiziere, Mamelucken und Gendarmen befanden.

Mehrere der Gefangenen, worunter sich viele Deutsche als Rheinländer von der jungen Garde befanden, bestätigten das Gerücht, daß Napoleon selbst sich mit an der Spitze befunden haben solle. Eine zweite, stärkere Kolonne, von Buttelstedt her kommend, habe sich hier mit ihm vereinigen sollen. Sein Plan wäre gewesen, die Brücken am Ilmfluß zu demolieren und Weimar gänzlich in Brand zu setzen, weshalb die Soldaten auch schon Pechkränze mit sich geführt hätten . . .«[256]

Damit waren die französischen Truppen endgültig aus der Umgebung Weimars verschwunden. Dafür lernten die Weimarer Bürger nun Russen, Kosaken und Baschkiren kennen. Der Offizier Konstantin Batjuschkow berichtete humorvoll über die Situation in Weimar um die Jahreswende 1813/14: »Wir sind jetzt seit rund zehn Tagen in Weimar; wir leben ruhig, aber langweilig. Eine Gesellschaft gibt es nicht. Die Deutschen lieben die Russen, mit Ausnahme meines Wirtes, der mir jeden Tag eine scheußliche Suppe und gekochte Äpfel bringt. Abhilfe ist unmöglich; weder ich noch meine Kameraden besitzen in Erwartung der Löhnung auch nur eine Kopeke Geld. Wie ein Skythe streife ich in der Heimat Goethes, Wielands und anderer Gelehrter umher. Ab und zu bin ich im Theater. Der Saal ist nicht übel, aber schlecht beleuchtet. Man spielt hier Komödien, Dramen, Opern und Tragödien, die letzteren zu meinem Erstaunen durchaus nicht schlecht. ›Don Carlos‹ hat mir sehr gefallen, und ich habe mich mit Schiller ausgesöhnt. Die Charaktere des Don Carlos und der Königin sind herrlich. Über Komödie und Oper kein Wort. Dramen spielt man hier wegen der Knappheit des Kaffees und der Lebensmittelvorräte selten; Du erinnerst Dich doch, daß jedes Drama im ersten Akt mit einem Frühstück beginnt und mit einem Abendessen endet. Am besten gefallen mir hier das Schloß und der englische Garten, in dem ich trotzt des scheußlichen Wetters häufig spazirengehe.«[257]

Bereits im Juli 1814 kehrte Herzog Karl August mit großem Pomp in die Stadt zurück; die Epoche der Befreiungskriege mit ihren unmittelbaren Folgen für die Stadt war Geschichte. Johanna Schopenhauer hatte am 27. Juni 1814 an Karl August Böttiger geschrieben: »Wir leben hier ziemlich ruhig fort, Sie kennen ja das Weimarische Völkchen, jetzt haben wir nichts im Kopf als Blumenfestons, Guirlanden, Trophäen, und Drapperien so bunt als möglich, denn unser Herzog kommt nächsten Monat zurück und da soll alles zum festlichen Empfange glänzen und kränzen. 5000 Dichter sind schon in Requisizion gesetzt sagt Freund Meyer, denn aus allen Fenstern sollen Gedichte, ganze Hände voll auf ihn herabregnen wie die Drageen beim Karneval in Rom, alle Häuser werden mit Blumen und Teppichen geziert, aus allen Fenstern sollen engelschöne Gesichter herabkucken, wer kein hübsch Gesicht hat darf gar sich nicht blicken laßen. Der Zug geht vom Erfurter Thor durch die Esplanade über den Marckt zum Schlos, nur die Häuser bei welchen er vorbeigeht werden dekorirt, die Damen aber [die] in den entfernteren Straßen wohnen, werden aufgeboten, denen die an der Straße wohnen mit Rath und Tath beizustehen.«[258]

Nach dem Wiener Kongreß 1815 und dem Mord an Weimars Theateridol, dem russischen Staatsrat August von Kotzebue, im März 1819 stand in dem gesellschaftlich erstarrten Weimar neben der großherzoglichen Familie nur mehr der Goethesche Kreis im Mittelpunkt des öffentlichen Interesses. Ein Unfall der klatschumrankten Schwiegertochter des Dichterfürsten, Ottilie, erregte tagelang die Gemüter. Charlotte von Ahlefeld schrieb an Knebel nach Jena am 29. April 1826: »Gestern hatte die Frau (Ottilie) von Goethe fast das Leben verloren, indem sie auf der Reitbahn sich befand, wo ihr Pferd plötzlich scheu wurde, zur offenstehenden Thüre mit ihr hinaussprengte, und vor dem Hause der Frau von Wollzogen mit solcher Gewalt sie abwarf, daß ihr Gesicht durch die vielen Verletzungen ganz unkenntlich geworden sein soll. Gebrochen hat sie indeß nichts, aber sie leidet unsägliche Schmerzen, und die Augen sind ganz verschwollen.«[259]

Die letzte große Bewegung in der ersten Hälfte des 19. Jahrhunderts erfuhr Weimar durch den Tod des Mannes, der fast 60 Jahre, erst mit anderen, zuletzt allein, das geistige Zentrum der Stadt gebildet hatte. Eduard Genast resümierte: »Am 22. März 1832 schied Goethe von dieser Erde. Das Theater wurde auf Befehl des Großherzogs geschlossen. Die Leiche des großen Todten war am 26. von früh acht Uhr an ausgestellt, und wie ein Dichterfürst in weißen Atlas mit Purpursaum gekleidet, den Lorbeerkranz auf seinem Jupiterhaupt. So lag er wie schlafend in seinem Sarkophag, neben welchem acht Candelaber mit brennenden Kerzen standen und seine Orden auf samtnen Kissen lagen. Gelehrte, Künstler, Beamte und Handwerker hielten abwechselnd die Leichenwache. Zunächst verrichteten dies Amt die Gelehrten, dann die Mitglieder des Theaters, worunter Ols, Graff, Lortzing, Durand und ich, als seine Schüler, Laroche, Seidel, Branke, Winterberger, die sich untereinander ablösten. Diesen folgten die bildenden Künste und dann die Gewerbe. Tausende von Menschen waren herbeigekommen, den Unvergleichlichen noch einmal zu sehen. Nachmittags fand die Beerdigung statt. Mehr als Zehntausend Menschen wogten durch die Straßen nach dem Kirchhof, der bereits mit Menschen gefüllt war. Neben dem Leichenwagen, welcher mit vier schwarz behangenen Pferden bespannt war, gingen zwölf Marschälle, und hinter demselben folgten die Staatswagen der allerhöchsten Herrschaften; dann schloß sich der Zug der Leidtragenden an, an deren Spitze die ersten Staatsbeamten und Hofdiener gingen; diesen folgten die Brüder der Loge Amalia. Vor dem Wagen gingen die Mitglieder des großherzoglichen Hoftheaters und der Hofkapelle und vierundzwanzig Bürger, die als der Trauerwagen an der Fürstengruft angelangt war, den Sarg herunterhoben und ihn an der linken Seite Schiller's beisetzten. Die Hofsänger sangen das Lied, von Hummel componirt: ›Laßt fahren hin das allzu flücht'ge.‹ Darauf hielt der Generalsuperintendent Dr. Röhr die Leichenrede.«[260]

Amélie von Stein berichtete am 26. März 1832 an Fritz von Stein, den ehemaligen Liebling Goethes, wie mit dem dreiundachtzigjährigen Dichter das ›klassische Weimar‹ endgültig zu Grabe getragen wurde: »Um 4 Uhr läuteten die Glocken, um halb 5 zum zweitenmal und um 5 setzte sich der Zug in Bewegung. Unzählige Menschen giengen voran, dann kam der Leichenwagen des alten Fürstenpaares mit 4 schwarz umhüllten Pferden, auf dem Sarge lagen Lorbeer und Kränze, und der kleine Walther folgte, ihm zunächst dann Dr. Vogel. Voran giengen die Minister und trugen seine Orden, und viele Wagen vergrößerten den Zug. Was Röhr sprach, weiß ich nicht, ebensowenig was der Canzler Müller sagte, doch wird es wahrscheinlich gedruckt. Heute wurde Tasso gegeben und am Schluß kamen die acteurs im schwarzen aber passenden costum, und sprachen mit Bezug auf Ihm, manche konnten vor Thränen nicht weiter und das ganze war feyerlich und schön. So sagte mir die Ahlefeldt, auch war das ganze Publikum in Trauer, ich war nicht da sondern auf der Altenburg. [–] Der Großherzog ist nach Eisenach geflohen, um dem traurigen Eindruck zu entgehen . . .«[261]

Komödie und Redoute, Kegeln und Konzert

Vergnügungen

Warnung. Da unser Probe-Scheibenschießen künftigen Montag, als den 3ten May, seinen Anfang nimmt, so verfehlen Unterzeichnete nicht, hierdurch Jedermann höflich zu bitten, die untern Wege des Schießhauses und des Webichts nicht zu passiren. Die Vorsteher der Büchsen-Schützen-Compagnie. Chr. Kemp, Georg Müller, C. Schilling. *WWA, Nr. 35, 30. April 1819*

Vergnügungen der Weimarer Bevölkerung spielten sich streng getrennt nach den einzelnen gesellschaftlichen Sphären ab.

Die Hofgesellschaft war ein in sich abgeschlossener Zirkel, der lediglich einige Künstler und Schriftsteller sowie die hohen bürgerlichen Hofbeamten zuließ; mittleres oder gar niederes Bürgertum hatte nur gelegentlich Zutritt. Selbst im Theater, der Stätte gemeinsamer Kurzweil aller Stände, wurde die gesellschaftliche Hierarchie säuberlich eingehalten durch die Sitzordnung im Proszenium. Einen gewissen Sonderstatus besaß Anna Amalias ›Weimarer Musenhof‹ im Wittumspalais, die von Georg Melchior Kraus bildlich überlieferte ›Tafelrunde‹. Daneben existierte etwa ein Jahrzehnt lang ein von Luise von Göchhausen begründeter musischer Freundeskreis, die sogenannte ›Freundschaftsloge‹, die eine kleinere Version des ›Musenhofes‹ darstellte und sich ähnlich zusammensetzte wie die späteren Teegesellschaften der Johanna Schopenhauer. Die nicht zu den ›höheren bürgerlichen Kreisen‹ gehörende Stadtbevölkerung – kleine Kaufleute, Handwerksgesellen, Dienstboten, subalterne Beamte, Schreiber etc. – feierte ihre eigenen Feste, als da waren Roß-, Wochen- und Jahrmärkte, Vogelschießen, Brunnenfege, Kegelabende, Possenspiel, Kindstaufe, Lotterien, Gesellschafts- und Kartenspiele, Kirchweihfeste in der Umgebung der Stadt, dazu Picknicks, Lustpartien und winters Schlittschuhlaufen und Schlittenfahren.

Für alle Stände vergnüglich und geradezu der Mittelpunkt geselligen Lebens in Weimar war jedoch das Theater, das seit 1790 über ein eigenes Haus verfügte, davor im Schloß, nach dem Schloßbrand im Redoutenhaus an der Esplanade untergebracht war. Die Eintrittspreise waren auf Anregung Friedrich Ludwig Schröders von Goethe wie folgt festgelegt worden: für einen Platz im I. Parterre 12 Groschen, für das II. Parterre 8 Groschen, für die Galerieloge 4 Groschen, auf der Galerie 2 Groschen.[262] Christoph Wilhelm Hufeland schrieb über seinen ersten Besuch des weimarischen Theaters vor Goethes Erscheinen in der Stadt: »Mit meiner ersten Bekanntschaft mit dem öffentlichen Theater ging mir's übel. Der liebe Vater fürchtete gar sehr jeden nachtheiligen Eindruck auf meine kindliche Unschuld und Moralität. Ich sollte also zum ersten Male ein recht moralisches Stück sehen. Es war im Jahre 1769, die erste Schauspieler-Gesellschaft die in Weimar war, die Starkische, spielte im Reithaus. (Nachher kam die berühmte Koch'sche, bei welcher Ekhof, Bruckner etc. waren, die später im Schloss spielte, dann die Seiler'sche, dann der Schlossbrand und hierauf gar keine Truppe mehrere Jahre lang, sondern ein Liebhaber-Theater unter Goethe's Leitung). Nun hatte sie eines Tages ein Stück angekündigt, ›der dankbare Sohn‹. Dieses sollst du sehen, sagte der Vater, weil er es für mich nützlich hielt, und mit Freude vernahm ich diese Erlaubniss. Ich trat herein. Schauerliche Dunkelheit umgab mich. Nur einzelne Stimmen der sich sammelnden Zuschauer unterbrach sie. Bange Erwartung der Dinge, die da kommen sollten, erfüllte mich. Nun erhob sich plötzlich hinter dem heruntergelassenen Vorhang ein gräulicher Lärm, Geschrei mit harten Prügeln untermischt. Ich glaubte, dieses gehöre zur Comödie. Endlich nach langer Zeit ging der Vorhang in die Höhe und es erschien Harlequin mit Colombinen und andere Possenreisser, und das Ganze war nichts als ein Possenspiel. Ich ging sehr erfreut darüber nach Hause, aber wie erstaunte der Vater, als ich ihm, statt des ›dankbaren Sohnes‹, die Nachricht von diesem Possenspiel brachte. Man erfuhr nachher, dass eine Prügelei unter der Schauspieler-Gesellschaft vor Anfang des Stückes entstanden war, welche die Aufführung des ›dankbaren Sohnes‹ verhindert und den Director genöthigt hatte, das Publikum mit einem Possenspiel zu unterhalten, denn damals existierte noch der Harlequin auf dem Theater.«[263]

Diese mehr oder weniger chaotischen Zustände in den Theatertruppen waren überall in Deutschland anzutreffen; sie veränderten sich in Weimar mit Goethes Einflußnahme auf das dortige Theaterleben. Wenngleich im Laufe der Jahre Erfolge bei der Formung des Publikumsgeschmacks erreicht wurden, kamen doch keinesfalls vorrangig die Stükke Goethes oder später Schillers zur Aufführung. Auch in Weimar waren aus kommerziellen Gründen Zugeständnisse an den Zeitgeschmack unumgänglich, und so wurden sentimentale Rührstücke von August von Kotzebue, der Frau von Weißenthurm, Iffland u.a. häufig gegeben. Kotzebue, einer der meistgespielten Theaterdichter um 1800[264], war ein Kind der Stadt und erfreute sich großer Beliebtheit. Joseph Rückert wußte 1799 zu berichten, daß der Besucher des Weimarer Schauspielhauses vor Überraschungen bei Kotzebue-Aufführungen nicht gefeit war: »Seine [August von Kotzebues – J.K.] noch lebende Mutter in Weimar nimmt den lebhaftesten Anteil an dem theatralischen Ruhme ihres Sohnes. Bei Aufführung eines Stückes von demselben bewachet sie die öffentliche Aufmerksamkeit und antwortet der daher oder dorther lispelnden Kritik. Einmal, bei Gelegenheit der Vorstellung von Menschenhaß und Reue, als mir diese Nemesis unbekannt im Rükken saß, ergriff mich ihr rächerischer Arm, da ich eben meinen Nachbar leise nach der Uhr fragen wollte, und riß mich Erstaunten mit Gewalt von dem Ohre desselben. Herrn Böttiger schrieb sie auf eine tadelnde Anzeige eines Kotzebueschen Dramas im Modejournale ein Billet voll beißenden Witzes.«[265]

Kotzebue war als Bühnenautor nicht unumstritten. Seine kleinbürgerlich-spießigen Sujets trafen jedoch den Geschmack ebenjener Kreise des Publikums, zumal er gern zeitkritische und auch erotischverfängliche Töne unterschwellig anklingen ließ. Ob ihm dies 1802 die überraschende Verhaftung durch die Polizei des Zaren Paul und eine halbjährige Verbannung in den Süden des Russischen Reiches eintrug, ist bis heute nicht restlos geklärt.

Friedrich von Oertel gab 1800 seine Eindrücke über zwei Kotzebuesche Theaterstücke wieder, von denen ›Graf Benjowski oder die Verschwörung auf Kamtschatka‹ seit 1795 in ganz Europa, besonders aber in Polen für Aufsehen sorgte:[266] »Ich habe Dir schon über so manches geschrieben, daß ich des Theaters zu erwähnen durchaus nicht vergessen darf. Ich rechne es unter die besten Deutschlands, und es macht Weimar Ehre, so wie bei der Oper das Orchester. Gestern war ich in das Kotzebuesche Stück Benjowski gegangen. Es ist ein abscheuliches, unmoralisches Stück; der Held ein Lügner und Betrüger im Handeln mit moralischen Sentenzen – und die Heldin ein wohlerzogenes Mädchen, die dem Abendtheurer in der ersten Viertelstunde eine Liebeserklärung thut. Noch bin ich ergrimmt über die Beleidigung, die er der Natur und dem Theater, der Vorstellung des Sittlichen und Anständigen angethan hat. Zum Unglück spielten die Akteurs gut – da wurden die Unwissenden und Fühllosen irre geführt. – Der Adel klatschte; das Parterre schwieg. Ferner sah' ich von Kotzebue die Sonnenjungfrau, ein abscheuliches Stück, unsittlich, alle Bande der Keuschheit zerstörend. Ja wahrlich es ist besser in ein Hurenhaus als in dieses Stück zu gehen.«[267]

Das Theater in der kleinen Residenzstadt, wo

nahezu jeder jeden kannte, strahlte in alle Alters- und Standesschichten der Bevölkerung aus. Selbst die Kinder, denen der Theaterbesuch noch nicht erlaubt war, zog es bereits in seinen Bann. Karl Sondershausen konnte sich so gut an die Schauspielerin Bertha Götz erinnern, die um die Jahrhundertwende die Rolle der ›Saalnixe‹ spielte.[268]

Es ist verständlich, daß bei solch verbreitetem Theaterenthusiasmus die jugendlichen Besucher besonders von der Bühne angezogen wurden, zumal wenn Friedrich Schiller, der Dichter der ›Räuber‹, der Autor war. Julius Schwabe überlieferte folgende Anekdote, die auf das Jahr 1800 zurückgehen soll: »Ich erinnere mich, in meiner Jugend öfter einer kleinen dicken Dame von mittleren Jahren in den Straßen von Weimar begegnet zu sein. Es war eine verwitwete Frau Rentamtmann W., die mir von meinem Vater als das Muster einer Schiller-Enthusiastin bezeichnet wurde. Die genannte würdige Dame hatte als vierzehnjähriges Mädchen einer der ersten Aufführungen der Jungfrau von Orleans beigewohnt. Mit glühendem Interesse verfolgte sie den Verlauf des Stückes. Als im fünften Akte die gefangene Jungfrau mit den Worten ›so sei Gott mir gnädig!‹ ihre Fesseln zerreißt und hinauseilt, springt das alles um sich her vergessende junge Mädchen in die Höhe, klatscht die Hände zusammen und ruft in unverfälschtem weimarischen Dialekte laut aus: ›Da! da habtersche gehabt!‹ Schiller soll durch diesen Vorfall höchlich ergötzt worden sein.«[269]

Charakteristisch für die Bühnenpraxis wie die Anteilnahme vor allem auch der Jenaer Studenten ist die vergnügliche Anekdote über die Aufführung von Shakespeares ›Macbeth‹ in Schillers Bearbeitung, die der Schauspieler Eduard Genast mitteilte: »Der Andrang des Publikums war enorm, besonders auf der jenaischen Straße. Bruder Studio hatte sich in plenum aufgemacht zu Fuß, zu Roß und zu Wagen, um der ersten Vorstellung des ›Macbeth‹ beizuwohnen. Der Beifall steigerte sich von Akt zu Akt und namentlich war es Vohs, der das Publikum enthusiasmirte. Nach dem zweiten Act kam Schiller auf die Bühne und fragte in seinem herzigen schwäbischen Dialekt: ›Wo ischt der Vohs?‹ Dieser trat ihm mit etwas verlegener Miene und gesenktem Kopf entgegen; Schiller umarmte ihn und sagte: ›Nein, Vohs, ich muß Ihne sage: meischterhaft! meischterhaft! Aber nun ziehe Sie sich zum dritten Act um!‹ Vohs mußte sich Anderes erwartet haben. Denn mit inniger Freude dankte er Schiller für seine unbegrenzte Nachsicht. Dann wandte sich Schiller mit den Worten zu mir: ›Sehe Sie, Genascht, wir habbe recht gehabt! Er hat zwar ganz andere Vers gesproche, als ich sie geschriebe hab, aber er ischt trefflich!‹«[270]

Über Jahrzehnte behaupteten die Jenenser Studenten im Weimarer Theater ein gewisses Sonderrecht, das ab und an durch die Polizeidiener – oder auch einmal Goethes lautstarke Stimme – eingedämmt, aber ansonsten stillschweigend toleriert wurde. Der Engländer Russel notierte noch Anfang der zwanziger Jahre recht erstaunt, daß selbst für die Eintrittspreise der Studenten andere Gesetze zu gelten schienen: ». . . für die, welche abonnirt haben, kostet ein Platz in den Logen nicht mehr, als acht Groschen jeden Abend, und im Parterre vier Groschen. Zuschauer, welche nicht abonnirt haben, bezahlen mehr als die Hälfte des Preises; aber zu diesen gehören nur Fremde, die sich dann und wann einfinden, so wie die Studenten, die alle Sonnabende von Jena herüberkommen und das Parterre anfüllen. Diese jungen Herren hegen in solchen Angelegenheiten eine völlige Verachtung des mein und dein; bey ihnen ist jederzeit abonnement suspendu. Sie können sich gar nicht vorstellen, daß Jemand die Frechheit haben könnte, seinen Platz in Anspruch zu nehmen, falls es einem Studenten beliebt hat, sich desselben zu bemächtigen, und sie sind sogleich bereit, mit dem Hieber das Privilegium ihrer Brüderschaft zu behaupten. Schillers Räuber ziehen jedesmal die ganze Universität nach Weimar, denn es scheint als ob die Studenten in dem Banditenleben etwas Eigenes fänden, was mit ihren Begriffen von Freyheit und Unabhängigkeit harmonirt. So oft die Räuber den fünften Act mit dem Gesang eröffnen, in welchem sie die Annehmlichkeiten ihres Gewerbes preisen, so oft stehen die Studenten sämmtlich auf, und stimmen mit heller Stimme in den Chor mit ein.«[271]

Nachdem Goethe im Jahre 1817, veranlaßt durch eine Intrige der Schauspielerin Karoline Jagemann, der Mätresse Karl Augusts, die Leitung des Theaters niedergelegt hatte, ging der Ruf des Hauses zurück. Johanna Schopenhauer schrieb am 10. Dezember 1821 an Karl August Böttiger nach Dresden: »Unser Theater wird alle Tage schlechter, nicht gerade weil es uns gänzlich an guten Schauspielern fehlt, wir haben unter uns noch einige recht brave Künstler aus der älteren und neueren Zeit, aber die Hand und der Kopf, welche alles leiteten fehlen ganz, wenn man unser Repertoire ansieht, und mit dem von andern Theatern vergleicht, so begreift man gar nicht wie das Ding noch so fortvegetiren kann, indessen die Leute abonniren, und Gewohnheit und Langeweile treiben sie dreimal die Woche auf den gewohnten Platz, auf der Bühne mag vorgehen was da wolle. Unser Großherzog macht sich nichts mehr aus dem Theater, seine Gemahlin ist sehr bedenklich krank, obgleich sie an Tafel erscheint und überhaupt representirt, wie in gesunden Tagen. Goethe – nun Sie wissens, dem sein Wahlspruch ist, après moi le Deluge, und so ists ihm ganz recht wie es ist.«[272]

Mit dem Brand und der völligen Zerstörung des alten Schauspielhauses 1825 verschwand auch der äußerliche Rahmen der begeisternden Theaterabende der ›guten, alten Zeit‹. Nostalgie klingt an in dem Brief Johanna Schopenhauers an den Dichter Ludwig Tieck vom 28. Mai 1826, aber sicher sind auch die tatsächlichen Probleme des neuerrichteten Theatergebäudes benannt: »Ein großer Verlust für mich ist das Theater, das ich fast gar nicht mehr besuche. Unser neues Schauspielhaus ist so feucht, so kalt, es pfeift ein so schneidender Zugwind durch die Logen, sobald der Vorhang sich hebt, daß es für mich völlig unrathsam ist, hinzugehen. Doch wäre auch dieses alles nicht der Fall, so würde ich dennoch zu Hause bleiben, denn ich glaube kaum, daß irgend ein Publikum in der Welt so mager abgespeist wird als das Weimarische. Unser Intendant, Herr Stromeier, ist ein trefflicher Sänger, aber ich möchte wohl darauf wetten, daß er kaum im Stande ist, ein Buch zu lesen, viel weniger es zu verstehen; ihm zur Seite steht Frau v. Heigendorf-Jagemann, die mit 50 Jahren noch immer die erste Sängerin und die jugendlichste Schauspielerin sein will; sie läßt nichts nur halb erträgliches neben sich aufkommen, scheut, bei ihrem wirklich großen Talent, jede Anstrengung, spielt also so selten als möglich, und wir müssen froh sein, wenn sie alle Monate einmal auf der Bühne erscheint. Die übrige Zeit werden elende kleine Nachspiele, meistens französische Übersetzungen aufgeführt, und bis zum Überdruß wiederholt.«[273]

Die Verhältnisse scheinen sich in den folgenden Jahren weiter verschlechtert zu haben. Der neue Großherzog, Karl Friedrich, der nach Karl Augusts Tod 1828 die Regierung des Ländchens übernommen hatte, wollte ›ökonomisieren‹. Das tat er auch im Theater, für das er wenig Interesse aufbrachte. Johanna Schopenhauer schrieb am 25. Oktober 1828 sarkastisch an den Schauspieler und Dichter Karl von Holtei: »Man nimmt keinen neuen Regisseur, keinen neuen Intendanten, weil man keine zu finden hofft, die von der Luft leben können.«[274]

Neben dem Theater gab es um die Jahrhundertwende Konzerte und die regelmäßigen Redouten. Joseph Rückert notierte 1799: »An jedem Sonntage Abends – einige Sommermonate abgerechnet – ergötzet sich der Hof in einem Saale an einem schönen Konzert, wozu jeder Nichtadelige auf die Galerie eingeladen ist. Der für Musik enthusiastische Weimaraner weiß dieses Privilegium, das sich auch auf solche Tage erstreckt, an denen sich fremde Virtuosen an dieser Stätte hören lassen, vollkommen zu schätzen. – Auch haben hier die Freunde des Gesangs immer nach vierzehn Tagen Gelegenheit, die beliebte Virtuosin, Demoiselle Jagemann, aufs Neu zu bewundern. – Ohne Zweifel ist dieses schöne Volksprivilegium einer weisen Politik sehr gemäß.

Es wecket und nähret eine günstige Stimmung unter den niedern Klassen ... Auf der Galerie, wo sich die Menge versammelt, sind, um Unordnung zu verhüten, Wachen ausgestellt und die Geschlechter getrennt.«[275]

Wie die Konzerte waren auch die offiziellen Tanzvergnügungen, die Redouten, vorwiegend Winterveranstaltungen. Bis zu 18 Tanzabende fanden im Winterhalbjahr statt. Nach einer festen Ordnung wurden bestimmte Tänze getanzt; alle Teilnehmer hatten maskiert zu erscheinen. Damit war ein zwangloses Miteinanderumgehen möglich zwischen Adel und Bürgertum, denn das Demaskieren auf dem Tanzsaal war untersagt. Bediensteten war der Zutritt streng verboten.[276]

Das Erlernen des Tanz-ABC war für junge Leute durchaus nicht nur vergnüglich. Karl von Lyncker schrieb über den lahmen Tanzmeister Aulhorn, dessen Unterricht alles in allem sehr geschätzt wurde: Er »hielt besonders auf körperliche Grazie und auf Auswärtshaltung der Füße; die meinigen wurden wöchentlich zweimal in ein Brett geklemmt und mit Pflöcken dergestalt zurückgezwungen, daß sie mit ihrer vorderen Hälfte mehr rückwärts als vorwärts zu stehen kamen; dasselbe Manöver wurde auch mit meiner älteren Schwester gemacht und verursachte mancherlei Schmerzen.«[277]

Friedrich Albrecht Klebe beschrieb den Verlauf einer Redoute um 1800, die von Weihnachten an in vierzehntägigem Rhythmus im Komödienhaus, meist ab 19 Uhr, stattfanden: »Ein großes Publikum sowohl in Weimar, als aus der Nähe herzugekommener Fremder, machen sie [die Redouten – J.K.] zahlreich und glänzend. Um den nöthigen Platz zum Tanzen zu erhalten, werden durch eine zweckmäßige Vorrichtung die Sitze im Komödienhause abgebrochen, die eben so leicht wieder am folgenden Tage, um Vorstellung zu geben, hineingebracht werden. Ehemals war der Eingang frei, und jeder konnte sich im Hofamte Nachmittags von 2 bis 5 Uhr ein freies Entréebillett holen. Diese Einrichtung ist aber seit verflossenem Winter abgeschafft, und die Erlaubniß zum Eingange wird, wo ich nicht irre, mit sechzehn Groschen bezahlt. Um die Ordnung unter den Tanzenden zu erhalten, werden Billetts ausgetheilt, wodurch den Tanzenden in den verschiedenen Kolonnen ihre Plätze angewiesen werden, so wie auch eine Kolonne nicht mehr als eine bestimmte Anzahl von Paaren enthalten darf. Für Erfrischungen aller Art ist hinreichend gesorgt und die Musik ist vortrefflich. Da es auch scheint, als wenn eine Redoute nicht ohne Pharospiel bestehen könne, so findet man auch dieses hier. Der Kaufmann Frank aus Gotha macht gewöhnlich Bank, die indes nicht über sechs bis achthundert Thaler stark ist. Die Jenaischen Studenten, welche sich am meisten an diese Glücksbude drängen, scheinen es sich zum besondern Geschäft zu machen, seine Augen zu schärfen, und es gehört auch wirklich ein heller Blick dazu, um die heillosen Absichten mancher Spieler auf seine Bank zu vereiteln, indem sich durch eine wunderbare Schickung oft in einem Augenblick ein leeres Kartenblatt in ein vollbesetztes verwandelt, und Parolis und Sixleva's da gewonnen sind, wo man vor einem Augenblick noch kein Ohr in der Kante sah. Wenn indessen die Spieler klug seyn wollen, so ist Herr Frank noch klüger und geht gewöhnlich mit einem volleren Beutel nach Hause, als er mitbrachte, und die Seufzer manches Musensohns folgen ihm nach.«[278]

Im Sommer wurden öffentliche Konzerte im Park gegeben. Bei diesen sogenannten ›Vauxhalls‹, zu denen sich sonntagnachmittags zahlreiche Besucher einfanden, ging man ungezwungen von Bekannten zu Bekannten, ließ sich in Lauben und Rondells nieder oder nahm Erfrischungen zu sich. Hier wie im Bürgertum überhaupt dominierte freilich die Plattheit, und die Unterhaltung drehte sich um nichts anderes als den Hof, das Theater und das Kartenspiel, urteilte Oertel.[279] »Die große Masse«, berichtete Karoline von Wolzogen um 1800, »die hier, wie überall vom Nachschwatzen lebte, ohne Eigenthümlichkeit, nur von Anderer Bildung zehrend, bewegte sich dennoch theilnehmend um Schiller herum. Gesunder, wahrer Naturausdruck indessen sagte ihm noch zu. Als Kotzebue in diesem Kreise auftrat, zog er die Masse der unterhaltungssüchtigen Gesellschaft an.«[280] Die sogenannten Maskenzüge, die zu besonderen Anlässen mit bis zu 100 Personen inszeniert wurden, waren Festdichtungen, die zuweilen mit den Redouten gekoppelt wurden.

»Gesunden, wahren Naturausdruck« im Wortsinne fand die Weimarer Bevölkerung in der reizvollen, hügeligen Umgebung der Stadt. Die Auenlandschaft der Ilm, die allmählich in bewaldetes Hügelland übergehenden Höhen südlich von Weimar und die einen weiten Blick ins Thüringer Land bietenden Hänge des nördlich von Weimar gelegenen Ettersberges boten eine Vielzahl idyllischer Ausflugsziele. Zog die Hofgesellschaft mit ihren Künstlern und Honoratioren auf die Schlösser von Ettersburg oder Belvedere, so tummelte sich das kleinbürgerliche Weimar noch direkter im Schoße der Natur, und das um so mehr, als die Naturschwärmerei nach dem Erscheinen von Jean-Jacques Rousseaus Romanen geradezu Modetrend geworden war. Goethe hatte seit seiner Ankunft 1775 in Weimar in diesem Sinne auf den jungen Herrscher Karl August eingewirkt, ihn geradezu aus der Verzärtelung höfischer Erziehung herausgerissen ins Leben der Natur, ihn regelrecht abgehärtet.

So konnte Karl August um 1790 festhalten, wie er im sogenannten ›Luisenkloster‹ im Park an der Ilm, allein und fernab von höfischen Zwängen, übernachtete, nachdem er sich abends in den kühlen Wassern der nahen Ilm erfrischt hatte. An Karl Ludwig von Knebel schrieb der Herzog: »Es hat neun Uhr geschlagen und ich sitze hier in meinem Kloster mit einem Lichte am Fenster, und schreibe Dir. Der Tag war ganz außerordentlich schön, und der erste Abend der Freiheit – denn heute früh verließen uns die Gothaer [Fürsten – J. K.], ließ ich mir sehr genießen. Ich bin in den Eingängen der ›kalten Küche‹ herumgeschlichen, und ich war so ganz in der Schöpfung und so weit von dem Erdentreiben. Der Mensch ist doch nicht zu der elenden Philisterei des Geschäftslebens bestimmt; es ist einem ja nicht größer zu Muthe, als wenn man so die Sonne untergehen, die Sterne aufgehen, es kühl werden sieht und fühlt, – und das Alles so für sich, so wenig der Menschen halber; und doch genießen sie's und so hoch, daß sie glauben, es sei für sie. Ich will mich baden mit dem Abendstern und neu Leben schöpfen, der erste Augenblick darauf sei dein. Lebe wohl so lange. – Ich komme daher. Das Wasser war kalt, denn Nacht lag schon in seinem Schooße. Es war als tauchte man in die kühle Nacht. Als ich den ersten Schritt hineinthat war's so rein, so nächtlich dunkel; über den Berg hinter Oberweimar kam der volle rothe Mond. Es war so ganz stille, Wedel's Waldhörner hörte man nur von weitem, und die stille Ferne machte mich reinere Töne hören, als vielleicht die Luft erreichten.«[281]

Was dem Fürsten gefiel, wurde natürlich von den Weimarern übernommen. Ländliche Ausfahrten und Feste waren sommers wie winters sehr beliebt. Karl Bertuch, ein Sohn des Unternehmers, berichtete in einem Brief vom 12. April 1802 über eine solche Lustbarkeit: »Im Januar hatten wir in Ettersburg eine ländliche Fête . . . Jagemanns, Professor Gentz, ein geschickter Baumeister aus Berlin, der seit einem Jahre Direktor des Schloßbaues ist, Kramer, Dr. Herders, Dankelmann, Luise Herder und ich fuhren an einem schönen Wintermorgen im Schlitten nach Ettersburg; hinter uns folgte ein stattlicher Schimmel mit unserem Proviant, zu dem jeder seinen Teil lieferte. In Ettersburg fanden wir die wohlbekannten Wohnzimmer im Schloß durch Herrn Kochs Güte gut geheizt. Die gefrorenen Austern wurden in frisches Wasser geworfen, der weibliche Teil wärmte die Braten und Leckereien auf, wir schmierten Butterbrote, und so stand um ein Uhr auf gedecktem Tische ein treffliches Diner; Steinwein, Champagner, Bischof, Burgunder fehlten auch nicht . . . [–] Nachmittags lockte der Ton der Waldhörner das Wild auf die Wiese unter dem Schlosse. Abends versammelte uns das lodernde Kaminfeuer in der Nebenstube, und wir setzten uns um die dampfende Punschbowle, und die holden Schwestern sangen kleine Duette mit einem Ausdruck, wie ich ihn selten gehört habe. Abends acht Uhr fuhren wir im Mondenschein, wo die Winterlandschaft einen eigenen Reiz hatte, zurück unter das niedere Dach, wo die engen Sorgen wohnten.«[282]

Über Jahrzehnte sehr beliebt bei jung und alt war das von Goethe in Weimar popularisierte Schlittschuhlaufen, das sogar ein Hofvergnügen wurde. Auf dem Teich im Baumgarten lief Karl August winters eine Zeitlang fast täglich Schlittschuh. Geübte Läuferinnen waren Herzogin Luise, Charlotte von Stein, Corona Schröter und auch manche Hofdamen, womit das Schlittschuhlaufen fast folgerichtig allgemein beliebt wurde.[283] Charlotte von Ahlefeld berichtete am 4. Februar 1826 an Knebel über ein besonderes Frühstück, das sie erwartete, »nämlich auf dem Eise«: »Im ehemalig Bertuchschen Garten haben viele junge Mädchen auf dem dort befindlichen großen Teiche das Schlittschuhlaufen gelernt; diese werden uns Alten heute Proben ihrer Kunst zeigen, auch ist für Stuhlschlitten gesorgt, worauf man sich auch allenfalls auf den glatten Spiegel wagen kann, ohne in der beflügelten Kunst des Schlittschuhlaufens eingeweiht zu sein. Herr von Froriep hat eine sehr große Gesellschaft dazu eingeladen, und da es einmal etwas Anderes ist, wornach die Menschen gewöhnlich so trachten, so freuen sich viele darauf . . .«[284]

Im Sommer waren Ausflüge mit Picknick im Grünen im Schwange. Garlieb Merkel erlebte solch einen Familienspaß um die Jahrhundertwende mit den Herders: »An einem schönen Sommer-Nachmittage machte er mit seiner Familie eine Spazierfahrt auf den Ettersberg, zu der ich, der ich längst aus Kopenhagen zurückgekehrt war, auch eingeladen wurde. Am Rande des Waldes hielt der Wagen. Es wurde das Theegeräte ausgepackt; wir selbst lasen schnell trockenes Holz zusammen; die Herdern und ihre liebenswürdige Tochter ordneten das Service im Grase, indeß der Bediente in einer Niederung Feuer anmachte und das Kochen des Wassers besorgte. In einer halben Stunde zündeten Herder und ich froh unsre Pfeifen an, und wir saßen auf Steinen oder im Grase um die Serviette her. Herder genoß der schönen Aussicht mit Innigkeit; wir fanden alle, daß sie reizend war . . .«[285]

Merkel war es auch, der nach langen Jahren der Abwesenheit 1817 an Äußerlichkeiten in der Umgebung Weimars Veränderungen konstatierte, die den Niedergang des ›klassischen‹ Weimars auf eine ganz andere Art anzeigten: »Ich ging aus dem Stern über die Landstraße vor dem Thore weg, und suchte am Rande des Webicht den wohlbekannten Fußpfad auf, den ich sonst täglich über die Wiesen am Ufer der Ilm nach Tieffurt zu gehen pflegte. Statt seiner fand ich einen Pfahl mit einer Tafel deren Inschrift bei 8 gr. Strafe verbot, einen Fußpfad zwischen der Chaussee und der Ilm einzuschlagen. Der Tafel gegenüber zählte ich die 8 gr. ab, um sie sogleich erlegen zu können, und brach nun queer durch das Gesträuch des Webichts, den Hügel hinab, um meinen lieben Fußpfad wieder zu suchen. Ich fand ihn auch wirklich, mit allen seinen Primeln und Wasserpfützen wieder. Jede Stelle, wo ich sonst mühsam an diesen letztern vorbei auf der Bergwand geklettert war, glaubte ich wieder zu erkennen. In meinem Leben bin ich in keinem Garten mit so großem Genuß gelustwandelt, als hier, wie man zu sagen pflegt, durch Busch und Brache. Eine Veränderung fand ich indeß doch auch schon hier. Der Fußpfad führte nicht mehr wie sonst zu der Tieffurter Brücke, sondern bog viel früher zu einem langen hölzernen Stege ab, der über die Ilm führte. Auf diesem gelangte ich zu einer Schenke. Offenbar verdankte also der Fußpfad sein Daseyn nicht mehr den gebildeten Spaziergängern aus Weimar, sondern etwa nur noch den Boten, welche die Bedürfnisse der Schenke aus der Stadt holten. Ich gestehe Ihnen, daß mich diese Bemerkung sehr verstimmte; aber ich sollte noch viel größere Aenderungen finden. Den Seiteneingang in den Park der verstorbenen Herzogin, der längs der Ilm durch eine Gruppe hoher Pappeln führte, und den ich immer zu gehen pflegte, fand ich durch einen Stall geschlossen. Mißmuthig suchte ich den großen Eingang neben dem ehemaligen Wohnhause der Herzogin auf. Er stand offen; aber von dieser Seite war ich sonst nie hineingekommen, und so erschien mir auch der ganze Garten so umgestaltet, daß ich selbst an der Rosenlaube gleichgültig vorüberging, in der sich einst Wieland unvermuthet zu einem Abendessen einfand, das ich Falk und einigen Freunden gab. – In einer Seitenpartie des Parks sah ich eine Herde Ziegen weiden. Das war mir doch zu arg.«[286]

Was für Berlin der Salon der Rahel Varnhagen, war im kleinen Weimar der ›Thée litteraire‹ der Johanna Schopenhauer, wo die künstlerischen Novitäten durchgesprochen wurden, die Künstler, Nobilitäten und Honoratioren der Stadt verkehrten. Friedrich Wilhelm Riemer, der Mitarbeiter Goethes, beschrieb in einem Brief an den Verleger Frommann vom 27. November 1806, wie diese Zusammenkünfte, die besucht zu haben eine Prestigefrage war, in der Regel abliefen:

»Also vom Thé litteraire (bei der Schopenhauer)! Erst müssen Sie das Local kennen. Ich führe Sie in die Wohnung vom ehemaligen Dr. Herder. Die unterste Etage, bestehend aus drei kleinen Zimmern en suite, ist äußerst nett und geschmackvoll meublirt. Warme Teppiche bedecken den Fußboden, seidne Vorhänge zieren die Fenster, große Spiegel den Fensterraum und schöne Mahagonimeubeln das Ganze. Wenn ich solche sich von selbst verstehende Sachen colorire, muß ich Ihnen sagen, gewöhnlich sind doch schöne und modische Zimmermeublements hier nicht. –

Nun hätten wir das Local. Das mittelste Zimmer ist das Entreezimmer, das eine rechts das Theezimmer, das andre links neben dem mittlern, um sich zu ergehen.

Sie treten ein und finden eine Versammlung von Männern zunächst und dann um den Theetisch die Damen; Goethe, Meyer, Fernow, Schütz, Weyland, Conta sind die gewöhnlichen Besucher. Damen sind die Hofräthin Ludecus, Dr. Herder (Witwe des Hofmedicus), Mlle Conta, Bardua etc. Man nimmt Thee, auch Zwieback und Butterbrot, man schwatzt von novis, politischen und literarischen; man zeichnet, man spielt Clavier und singt. Um 6 Uhr geht man hin, um oder nach 8 schleicht man sich wieder fort. Die Dame ist reich, gebildet (malt artig en miniature) und artig. Sie sucht nichts gerade darin; sie will nur unterhalten seyn und daran thut sie recht. Mir ist es sehr lieb, daß ich doch jetzt bey dem Mangel an Theater diese Ausflucht des Abends wöchentlich zweymal haben kann . . .«[287]

Einen wesentlichen Grund, warum so viele zu diesen Abenden kamen, benannte Franz Passow in einem Schreiben an Johann Heinrich Voß vom 12. März 1810: »Sie wissen wohl, daß die bewegliche und geschwätzige Madame Schopenhauer alle Winter gewisse Repräsentationsthees hält, die sehr langweilig sind, besonders seit Fernows Tod; zu denen sich aber alles Gebildete oder Bildung Vorgebende drängt, weil Göthe häufig dort zu sehn war. Als ich nach Weimar kam, besuchte ich denn diese Dame auch; sie lud mich zu ihren Thees, und ich besuchte sie den ganzen Winter, aller Langenweile zum Trotz, weil ich Göthe dort zu sehn und ihn zuweilen sprechen und erzählen zu hören mich erfreute, selbst wenig Theil nehmend, weil der ewig mit aufgesperrtem Maul lachende und jachternde, frivole Ton der Thees nicht in mein Fach gehört.«[288]

Wesentlich turbulenter als bei Johanna Schopenhauer ging es auf den Gesellschaften von Goethes Schwiegertochter Ottilie in den zwanziger Jahren zu; nicht umsonst hieß das im August 1829 gegründete Hausblatt am Frauenplan ›Chaos‹. Daß diese Geselligkeiten allerdings geistig durchaus nicht anspruchsvoller waren als die Schopenhauerischen, das sprach Soret in einem vertraulichen Brief vom 30. November 1824 an den Onkel Dumont in Genf unverblümt aus: »Häufiger sehe ich Frau von Goethe, weil man sie nach 8 Uhr abends besuchen kann, aber die Gesellschaft dort gefällt mir nicht mehr so wie früher, denn man trifft dort stets eine Menge halbwüchsiger Engländer von 18 oder 16 Jahren, die für einen ausgewachsenen Menschen wie mich denn doch zu grün sind; die Unterhaltung ist infolgedessen unbedeutend und eintönig, nichts als Tanzvergnügen und Lord Byron; ich tanze ganz gern, wenn ich auf dem Ball bin, und lese mit dem größten Genuß den trefflichen Lord seitenweise; aber immer dasselbe – das ist zum Sterben, und ich warte mit viel Ungeduld auf den Sommer, wo Frau von Goethe endlich wieder für andere Dinge Sinn hat. – Kein Mensch von Gefühl und Verstand als nur Goethe – das ist schrecklich.«[289]

Einmalige Festlichkeiten und Vergnügungen, die mit großem Pomp und viel Aufwand vonstatten gingen, boten das fünfzigjährige Regierungsjubiläum Karl Augusts 1825 und das fünfzigjährige Dienstjubiläum Goethes 1826. Redouten, Empfänge, Banketts, Feuerwerke, Gratulationszüge, Ordensverleihungen und Medaillengratifikationen begleiteten das großherzogliche Spektakel, an dem die Stadtbevölkerung zumindest in der Rolle des Zaungastes teilhatte. Es war die letzte große fürstliche Festivität des alten Weimars; seine Repräsentanten starben aus: 1828 endete das bewegte Leben Karl Augusts, der neben und nach seiner Mutter Anna Amalia der Förderer der ›klassischen‹ Epoche gewesen war. Goethe floh nach dem schmerzlichen Verlust ins Saaletal, auf die Dornburger Schlösser, und vereinsamte in den Jahren bis zu seinem Tode 1832 immer mehr. 1830 soll er dem Kanzler Friedrich von Müller gegenüber geäußert haben, auf Maria Pawlownas Bestrebung eingehend, Weimar zu alter Bedeutung zurückzuhelfen: »Das Streben ist recht und löblich, aber sie hat den falschen russischen Begriff einer Zentralisation. Weimar war gerade nur dadurch interessant, daß nirgends ein Zentrum war. Es lebten bedeutende Menschen hier, die sich nicht miteinander vertrugen; das war gerade das Belebendste aller Verhältnisse, regte an und erhielt jedem seine Freiheit. Jetzt finden Sie hier auch nicht 6 Menschen, die zusammen in einen geselligen Kreis paßten und sich unterhalten könnten, ohne einander zu stören. Und nun ging er die bedeutendsten unsrer Männer durch mit epigrammatischer Schärfe und schneidender Kritik. Darum entsage ich der Geselligkeit und halte mich an die tête à tête. Ich bin alt genug, um Ruhe zu wünschen. Ich habe keinen Glauben an die Welt und habe verzweifeln gelernt.«[290]

Nach dem Tode des berühmten Mannes im Haus am Frauenplan wurden geistige Vergnügungen in der Stadt immer rarer. Alexander von Ungern-Sternberg besuchte nach 1832 Weimar und überlieferte einen illusionslosen Stimmungsbericht: »Das Göthe'sche Haus selbst war noch nicht so traditionell geworden, wie es jetzt ist, es lebten noch sehr frische Erinnerungen über den alten Herrn. Seine beiden treuesten Genossen, der Bibliothekar Riemer und Herr Eckermann wandelten noch unter den Lebenden, und gaben getreue Auskunft über die letzten Lebensjahre und Lebensstunden des Hochgefeierten. Im Göthe'schen Hause selbst war von Göthe am wenigsten die Rede; die jungen Frauen, die daselbst verkehrten, beschäftigten sich mit der Gegenwart und eine unberührte Jugend war ihnen willkommener für den Bedarf der täglichen Lebensinteressen als ein noch so berühmter alter Name. Es war sogar auch in andern Kreisen nicht bon genre von Göthe zu sprechen; man hatte ihn nun so lange gehabt, man hatte ihn so recht eigentlich satt bekommen, nun war er endlich fort, der große ministerielle Berühmtheits-Druck hatte aufgehört, die ewigen Reverenzen ließen nach, man war herzlich froh den Dalei-Lama abwesend zu wissen, um einmal auch sich mit etwas Anderem zu beschäftigen. Fragte nun ein Fremder nach den Besonderheiten des großen Mannes, so antwortete man ihm kurz und kalt, und verwies ihn auf die beiden überlebenden Kammerherrn, auf den alten Bibliothekar und den alten Ekkermann, die beide recht eigentlich Herrn der Kammer waren, nehmlich der Kammer wo Göthe arbeitete und wo er starb. Mit einer Art Ceremoniel wurde man in diese Räume geführt . . .«[291]

Je mehr in den folgenden Jahren über die verflossene Epoche Weimars im Druck erschien, um so mehr schrumpfte die Gegenwart der Residenz zur Bedeutungslosigkeit zusammen. Das Heine-Wort vom ›Musen-Witwensitz‹ begann sich zu verbreiten, vernichtender noch sprach Adolf Stahr vom ›Pompeji des deutschen Geistes‹[292]. Erst mit dem Wirken von Franz Liszt, beginnend in den vierziger Jahren, wurde der verblichene Glanz der Stadt neu aufpoliert; das ›silberne Zeitalter‹ Weimars konnte beginnen.

Weitestgehend unbeeinflußt von den Ereignissen in den Literatur- und Künstlerkreisen liefen die Vergnügungen der einfachen Stadtbevölkerung weiter. Die reizvolle Umgebung der Stadt, wo zusätzlich Kaffee, Bier, Musik und Geselligkeit lockten, war das sonn- und feiertägliche Ziel der niederen und mittleren Klassen: Belvedere, Ehringsdorf, Oberweimar, Süßenborn, Groß- und Kleinkromsdorf, Tiefurt, Schöndorf, Rödchen, Lützendorf, Tröbsdorf, Neuwallendorf, Ober- und Niedergrunstedt, Gelmeroda oder Ettersburg hießen die geselligen Orte; Wege und Wetter schreckten nicht. Das wichtigste Fest war aber wohl das weimarische Vogelschießen, das ursprünglich am alten Schießhaus hinter dem Jägerhaus durchgeführt wurde. Da der Schießhausgarten und das benachbarte ›Kloster‹ in den achtziger Jahren in die Gestaltung des Parks einbezogen wurden, kam es zu einer Unterbrechung dieser jährlichen Lustbarkeit, die 1805, nach zwanzigjähriger Abstinenz, erstmals wieder am neuen Schießhaus unter der Tiefurter Allee, hinter der Altenburg verantstaltet werden konnte. Julius Schwabes Erinnerungen daran ließen sich durch zahlreiche ähnlich lautende ergänzen: »Einen besonderen Glanzpunkt in den Erinnerungen aus meinen Kinderjahren bildet das weimarische Vogelschießen, welches alljährlich zu derselben Zeit gehalten wurde, in welche meine Sommerferien fielen. Dieses Vogelschießen war damals ein wirkliches Volksfest, voll Leben und Fröhlichkeit. Zahlreiche Buden, in denen Kaffee, Punsch und Kuchen feilgeboten, Lotto gespielt und allerhand Sehenswürdigkeiten gezeigt wurden, bedeckten die Seitenräume der Schießhausallee, während auf der daneben befindlichen großen Wiese Kunstreiter und Seiltänzer ihre Zelte und Gerüste aufgeschlagen hatten. Auch an Karussellen und Kasperletheatern fehlte es nicht. Dazwischen wogte die aus der Stadt und vom Lande zugeströmte Volksmenge.«[293]

Das erste Volksfest dieser Art im August 1805 wurde von vielen Handwerkern genutzt, die Einnahmen zu verbessern. Anzeigen wie die folgende erschienen in den Tagen davor in der städtischen Presse: »Während dem solennen Vogelschießen wird sich eine Schuhmacherbude befinden, mit Schuh und Stiefel vor beyderley Geschlecht, nach der allerneuesten Mode und Façon, wie auch Pelzstiefel und dergl. Schuh nach der neuesten Art.«[294]

Neben den Handwerksbuden fanden sich bald die Zelte und Wagen der Schausteller und Menageriebesitzer ein. Lotterien, das Los zu einem halben ›Kopfstück‹, und Feuerwerke wurden zum Gaudium der Bevölkerung veranstaltet, Ballons stiegen auf, Bauern der Umgebung verkauften ihre Produkte, und ein Pächter betrieb den vom Rat vergebenen lukrativen Bierausschank. Freilich nahm nicht nur Herzog Karl August an solchen Volksfesten teil, auch seine Polizeidiener waren anwesend. Das ›Kartenschlagen‹ z.B., die Wahrsagerei, war bei Androhung einer vierzehntägigen Gefängnisstrafe verboten,[295] und nicht nur einmal schritt in anderen Fällen sogar das Kriminalgericht ein. 1819 beispielsweise mußten nach Abschluß des Vogelschießens 600 vermißte Maaß-, Nösel- und Quartgläser sowie einige hundert Steingutflaschen vom Bierausschankpächter unter Strafandrohung zurückgefordert werden.[296]

Das neuerbaute Schießhaus wurde auch für andere Veranstaltungen genutzt, so für Pantomimevorstellungen wandernder Kleintheatertruppen: »Freitag, den 13. September, wird Abends im großen Saal des neuerbauten Schießhauses eine musikalische Pantomime im Schatten, betittelt: Leda oder der Abend am Meer, aufgeführt werden. Den Beschluß macht eine kleine Pantomime, betittelt: ›Amor und die alte Obstverkäuferin‹. Das Entree kostet auf dem ersten Platz 2 Kopfstück, auf dem zweyten 1 Kopfstück. Der Anfang ist präcis um 8 Uhr. Das Nähere, sowie die Auseinandersetzung des Sujets, besagt der Zettel.«[297]

Das verbreitetste Volksvergnügen in der Stadt und auf dem Lande war das Kegelschieben, zu dem die veranstaltenden Wirte oft Preise aussetzten, um den Umsatz ihrer Gasthäuser zu steigern. Nur drei Beispiele mögen die große Beliebtheit dieses ›Sportes‹ belegen, den Goethe, vielleicht als einziger Weimarer, für roh, ordinär und philiströs hielt.[298] Zum Himmelfahrtstag 1814 wurde »in dem Gasthofe zu Schöndorf ein 2jähriger Stier ausgekegelt, wozu Liebhaber höflichst eingeladen«[299] waren. Im Juni 1819 war in der Gaststätte zu Isserode beim Wirt David Eckert erneut ein Stier der Preis, zusätzlich wurden »gute Musik und Tanz«[300] versprochen. Noch breiter und verlockender war das Angebot beim Wirt zu Gaberndorf, Heinrich Heine: »Manchester zu Hosen, eine Weste, ein Halstuch, ein Hosenträger und 2 Tonnen Bier«[301].

Wandernde Schausteller logierten selbst im Winter in der Stadt, wozu die Poststation am Erfurter Tor, der ›Alexanderhof‹, der geeignete Ort war. 1819 präsentierte die Menagerie Simonelli und Annijoni eine »Sammlung lebender, fremder, vierfüßiger Thiere, Ost und Westindischer Vögel«, »die ihrer Schönheit und Seltenheit wegen an vielen Höfen und Städten mit Beifall aufgenommen wurden«, wie die Annonce lockend verkündete.[302]

Nicht nur im ›Alexanderhof‹ oder im Schießhaus, auch in eigenen Buden an der Esplanade traten Wanderartisten zur Freude der Weimarer Kinder zu allen Jahreszeiten auf: »Dem hochgeehrten Publikum zeigt der Unterzeichnete ergebenst an, daß sein Theater, der Seiltänzer, Kunstreuter und Springer, dargestellt von schöngekleideten Affen, Donnerstag und folgende Tage, in der, in der Esplanade erbauten großen Bude von 6 Uhr Abends an bei gut besetzter Musik zu sehen ist, und die Anschlagzettel das Nähere besagen.«[303]

Für das gebildete Stadtpublikum wurde 1831 das Lesemuseum am Karlsplatz eröffnet, das die Lektüre der neuesten Bücher sowie einer großen Zahl von Zeitschriften ermöglichte und damit das Angebot der um 1820 bestehenden vier Lese- und Leihbibliotheken und einiger privater Lesezirkel wesentlich erweiterte. Einen traditionell gewichtigen Platz im Kulturleben Weimars hatte in diesem Bereich die bereits 1732 begründete Buchhandlung Hoffmann inne, die durch Johann Wilhelm Hoffmann Anfang des 19. Jahrhunderts zu hoher Blüte gebracht wurde und nachhaltigen Einfluß auf die literarische Bildung in der Stadt ausübte.[304]

Das Alltagsleben in Weimar ging seinen Gang; es war auch auf dem Gebiet der Vergnügungen ein neuer, der des 19. Jahrhunderts. Bis in die Gegenwart hinein darf der Vierzeiler aus Goethes ›Zahmen Xenien‹ Geltung beanspruchen:

›Wohin willst du dich wenden?‹
Nach Weimar-Jena, der großen Stadt,
Die an beiden Enden
Viel Gutes hat.[305]

›Graues‹, ›Goldnes‹ und ›Silbernes‹ Zeitalter

Anstelle eines Nachworts

Die Geschichte der Stadt Weimar und ihrer Einwohner seit dem ausgehenden Mittelalter, seit den Tagen der Reformation und des Bauernkrieges, unterscheidet sich bis Mitte des 18. Jahrhunderts nicht von der ähnlich disponierter Städte in Thüringen, dem klassischen Territorium kleinstaatlicher Zersplitterung. Was an hervorhebenswerten Perioden, Momenten und Personen in der Stadtentwicklung zu nennen wäre – z. B. das Verhör Thomas Müntzers 1524 in der Weimarer Burg Hornstein, die wiederholten Besuche Martin Luthers im Franziskanerkloster oder auch, fast 200 Jahre später, der neunjährige Aufenthalt Johann Sebastian Bachs –, das haben die Zeitgenossen als normal und alltäglich empfunden, sofern es überhaupt sonderlich registriert wurde; uns jetzt Lebenden dagegen ist das eine oder andere Ereignis, die eine oder andere Persönlichkeit aus der Rückschau wichtig geworden. Was sich im Laufe der Jahrzehnte und Jahrhunderte als selbstverständliches Element des ruhig dahinlaufenden ›grauen‹, durch nichts herausgehobenen Alltags darstellte, erscheint uns heute als hervorhebenswert. Andererseits sind Ereignisse, die für die Betroffenen von existentieller Bedeutung waren – so z. B. die ›Thüringer Sündflut‹ von 1613 oder das Auftreten der Pest im 16. und 17. Jahrhundert – für den Menschen des 20. Jahrhunderts zu bloßen Daten der Historiographie zusammengeschrumpft.

Ganz anders stellt sich in zeitgenössischer und moderner Sicht das sogenannte ›klassische Zeitalter‹ dar, worunter man die Jahrzehnte von der Ankunft Wielands bis zum Tode Goethes fassen kann. Es sind dies die Jahre, in denen sich, angezogen von einer kunstsinnigen, aufgeklärten Herrscherfamilie, zahlreiche Schriftsteller und Künstler zeitweilig oder auf längere Dauer in Weimar aufhielten und der Stadt zu dem Ruf einer geistigen Hauptstadt Deutschlands verhalfen. Durch Lebensdauer, Persönlichkeit und künstlerische Bedeutung ragt unter diesen allen Goethe, der ›Lama von Weimar‹[306], wie ihn etwas mokant Amélie von Stein 1826 nannte, kolossalisch hervor. Gewiß war schon der zeitgenössischen Stadtbevölkerung das Bewußtsein eingeprägt, eine außergewöhnliche, eine nicht zu wiederholende Epoche miterlebt zu haben. Und tatsächlich: Wichtige Entwicklungen der deutschen Nationalliteratur, die später mit ›Klassik und Romantik‹ umschrieben wurden, sind zumindest teilweise parallel zur Geschichte Weimar-Jenas abgelaufen. ›Geistiges‹ und ›bürgerliches‹ Weimar lebten zwar nebeneinander her, waren sich aber keinesfalls fremd.

Nach Goethes Tod 1832 verflachte das geistige Leben der Stadt zusehends. Es war ein natürlicher Vorgang, denn ein kollektiver Zustand hoher geistiger Produktivität, wie er in den Schriftsteller- und Künstlerkreisen, ja sogar unter dilettierenden Bürgern Weimars über Jahre hin vorherrschte – selbst der Hofküchenmeister Francisco le Goullon schriftstellerte auf seinem Fachgebiet –[307], war nicht unbegrenzt aufrechtzuerhalten. Die nachgoethischen Jahre waren die der biografischen Besinnung, der nostalgischen Wehmut und der epigonalen Nachzügler. Das allgemeine Bewußtsein kultureller Herausgehobenheit indes wirkte beim Weimarer Hof und dem Bildungsbürgertum weiter und produzierte den latenten Drang nach Fortsetzung der mittlerweile verwurzelten Tradition.[308] So war der Nährboden für das ›Silberne Zeitalter‹ schon bereitet, als Franz Liszt 1842 zum Hofkapellmeister ernannt wurde und dann im Jahre 1848 Weimar als einen seiner Wohnsitze wählte, wodurch der Glanz der

Residenz als Metropole deutschen, sogar europäischen Kunstlebens aufs neue hell erstrahlte.

Viel ist über diese Wechselfälle Weimars geschrieben worden; dunkle Stellen dagegen tun sich auf, richtet man den Blick nicht auf die Geistesheroen, sondern auf die ›Durchschnittsbürger‹, die ja letztlich mit ihrer Arbeit, ihren Dienstleistungen, ihrer Existenz das Leben der Großen und ihre Werke erst möglich werden ließen. Um deren Alltagsleben wenigstens andeutungsweise darstellen zu können, bedarf es zahlreicher Einzelfakten. Der Buchbindermeister Adam Henß, der vor einer ähnlichen Aufgabe gestanden hatte, schrieb 1837, daß er zur Erlangung der erforderlichen Fakta »die Durchsicht hoher Aktenstöße aus der Stadträthlichen Repositur« sowie die Lektüre zahlreicher Historienbücher nicht gescheut habe. Der Autor vorliegender Broschüre darf diese Worte von Henß auch auf sich beziehen. Gleiches gilt für die abschließenden Bemerkungen, zu denen nochmals dem biederen Handwerksmeister das Wort erteilt sei, der den Alltag des ›klassischen Weimars‹ noch aus eigenem Erleben kannte: »Wir besitzen Chroniken, welche uns benachrichtigen, wann der arge Wind geweht, der hohe Schnee gefallen, das grausamliche Donnerwetter gekracht, wer die Väter der Weiber der Bürgermeister gewesen und dergleich interessante Dinge mehr; auch neben diesen noch historische Data, welche als Stereotypen, alle Schriften über Weimar durchlaufen und durchlaufen müssen. [–] Aber in allen diesen ist das Leben wenig oder gar nicht erfaßt; dieß zu thun, war des Verfassers Zweck.«[309]

Anhang

Anmerkungen

1 Vgl. Geschichte der Stadt Weimar, Hrsg. von G. Günther und L. Wallraf. Weimar 1975, S. 232 ff.
2 Wielands Briefwechsel. Band 5; Briefe der Weimarer Zeit. Hrsg. von H. W. Seiffert. Berlin 1983, S. 100.
3 WA I 28, S. 316.
4 C. W. Hufeland, Eine Selbstbiographie. Mitgeteilt von Dr. Göschen. Berlin 1863, S. 17.
5 Bemerkungen über Weimar 1799 von Joseph Rükkert. Hrsg. und mit einem Nachwort versehen von Eberhard Haufe. Weimar 1969, S. 111 f. (Original: Der Genius der Zeit, Mai/Juli/September 1800).
6 Vgl. u. a. WA I 2, S. 146.
7 WA IV 5, S. 73 f.
8 J. P. Eckermann, Gespräche mit Goethe in den letzten Jahren seines Lebens. Berlin und Weimar 1982, S. 602.
9 Die Erinnerungen der Karoline Jagemann. Nebst zahlreichen unveröffentlichten Dokumenten aus der Goethezeit. Hrsg. von E. v. Bamberg. Band 1, Dresden 1926, S. 56.
10 (F. v. Oertel) Briefe eines ehrlichen Mannes bey einem wiederholten Aufenthalt in Weimar. Deutschland 1800, S. 46 f.
11 Vgl. dazu: Deutsche Rundschau. Hrsg. von J. Rodenberg, Jg. 23, 1897, H. 12, S. 255.
12 Eckermann, Gespräche mit Goethe, S. 602.
13 J. Schwabe, Harmlose Geschichten. Erinnerungen eines alten Weimaraners. Frankfurt a. M. 1890, S. 51 f. – Vgl. zu Karl August: Karl-Heinz Hahn, Carl August von Sachsen-Weimar. Ein Versuch. In: Impulse. Folge 5, Berlin und Weimar 1982, S. 264 bis 309.
14 Damals in Weimar. Erinnerungen und Briefe von und an Johanna Schopenhauer. Gesammelt und hrsg. von H. H. Houben. Leipzig 1924, S. 408.
15 K. L. v. Knebels literarischer Nachlaß und Briefwechsel. Hrsg. von K. A. Varnhagen von Ense und Th. Mundt. Band 2, Leipzig 1835, S. 330.
16 Jean Paul an Christian Otto, 13. Juli 1799. In: Die Briefe Jean Pauls. Hrsg. und erläutert von E. Berend. Band 3, München 1924, S. 235 f.
17 Vgl. W. Buchner, Ferdinand Freiligrath. Ein Dichterleben in Briefen. Band 1, Lahr 1881, S. 25.
18 A. Schopenhauer, Tagebücher. Band 2, Leipzig 1909, S. 336.
19 (Oertel), Briefe eines ehrlichen Mannes, S. 90.
20 (J. Russell), Reise durch Deutschland und einige südliche Provinzen Oestereichs in den Jahren 1820, 1821 und 1822. Erster Theil, Leipzig 1825, S. 63 ff.
21 Ebenda, S. 128.
22 L. Rellstab, Aus meinen Leben. Band 2, Berlin 1861, S. 119 f.
23 F. Soret, Zehn Jahre bei Goethe. Erinnerungen an Weimars klassische Zeit. 1822–1832. Aus Sorets handschriftlichem Nachlaß zusammengestellt, übersetzt und erläutert von H. H. Houben. Leipzig 1929, S. 99 f.
24 (Russell), Reise durch Deutschland, S. 97 ff.
25 Soret, Zehn Jahre bei Goethe, S. 465 f.
26 Alt-Weimars Abend. Briefe und Aufzeichnungen aus dem Nachlasse der Gräfin Egloffstein. Hrsg. von Freiherr von Egloffstein. München 1923, S. 362.
27 Vgl. Weimar im Urteil der Welt. Stimmen aus drei Jahrhunderten. Berlin und Weimar 1977, S. 191 f.
28 Fahrten nach Weimar, Slawische Gäste bei Goethe. Auswahl aus Briefen, Berichten und Aufzeichnungen. Weimar 1958, S. 61.
29 H. H. Houben, J. P. Eckermann. Sein Leben für Goethe. Nach seinen neu aufgefundenen Tagebüchern und Briefen dargestellt. Teil 2, Leipzig 1928, S. 418.
30 Ebenda, S. 495
31 WWA, Nr. 103, 30. Dezember 1789, S. 410.
32 Ebenda, S. 411.
33 Wielands Briefwechsel, Band 5, S. 18, 62, 561.
34 E. Genast, Aus dem Tagebuch eines alten Schauspielers. Band 1, Leipzig 1862, S. 5.

35 Vgl. WWA, Nr. 6, 21. Januar 1789, S. 22.
36 Vgl. A. Großkopf, Karl August. Gedenkblätter für die Jugend des Weimarischen Landes. Weimar 1915, S. 7f.; Geschichte der Stadt Weimar, S. 230ff.
37 K. v. Lyncker, Am Weimarischen Hofe unter Amalia und Karl August. Hrsg. von M. Scheller. Berlin 1912, S. 33.
38 Vgl. u. a.: H. Eberhardt, Die gesellschaftliche und wirtschaftliche Gliederung der Einwohnerschaft der Stadt Weimar am Ausgang der Goethezeit (1820). Masch. schr., Weimar 1949; H. Eberhardt, Weimar zur Goethezeit. Gesellschafts- und Wirtschaftsstruktur. Weimar 1980
39 A. Stahr, Weimar und Jena. Band 1, Berlin 1871, S. 178ff.
40 Vgl. WA IV 19, S. 168ff.
41 WA IV 22, S. 72.
42 W. H. Bruford, Kultur und Gesellschaft im klassischen Weimar. Göttingen 1966, S. 282.
43 Vgl. A. Schöll, Weimar's Merkwürdigkeiten einst und jetzt. Ein Führer für Fremde und Einheimische. Weimar 1847, S. 122ff.; vgl. Bruford, Kultur und Gesellschaft im klassischen Weimar, S. 282–290.
44 Vgl. Erinnerungen der Charlotte Krackow. Hrsg. von E. Scheidemantel. Weimar 1936, S. 7.
45 Vgl. Schöll, Weimar's Merkwürdigkeiten einst und jetzt, S. 28; A. Henß, Die Stadt Weimar. Ihr Communwesen und ihre städtischen Institute. Weimar 1837, S. 127ff.
46 Vgl. Schöll, Weimar's Merkwürdigkeiten einst und jetzt, S. 33.
47 Vgl. dazu: J. Kuczynski, Geschichte des Alltags des deutschen Volkes. Studien 2, Berlin 1981, S. 221ff.
48 WWA, Nr. 41, 22. Mai 1805, S. 170.
49 Erinnerungen der Charlotte Krackow, S. 32.
50 Vgl. H. Eberhardt, Geschichtliche Grundlagen der Goethezeit 1750–1830. Masch. schr., Weimar 1949, S. 41.
51 Genast, Aus dem Tagebuch eines alten Schauspielers, Band 1, S. 9.
52 Vgl. Karoline Herder an Johannes von Müller, 2. Februar 1807. In: J. v. Müller, Briefwechsel mit Johann Gottfried Herder und Caroline Herder geb. Flachsland 1782–1808. Schaffhausen 1952, S. 180f.
53 Hoffmann von Fallersleben, Mein Leben. Aufzeichnungen und Erinnerungen. Band 6, Hannover 1868, S. 17f.
54 Wielands Briefwechsel, Band 5, S. 503.
55 WWA, Nr. 45, 5. Juni 1805, S. 187.
56 WA IV 28, S. 218–220.
57 Lyncker, Am Weimarischen Hofe, S. 48.
58 Vgl. Friedrich Wilhelm Riemers Tagebücher 1817 bis 1832. In: Jahrbuch der Sammlung Kippenberg. Band 4, Leipzig 1924, S. 38f.
59 Schwabe, Harmlose Geschichten, S. 102.
60 Eckermann, Gespräche mit Goethe, S. 593
61 K. Sondershausen, Der Letzte aus Altweimar. Erinnerungen und Dichtungen. Weimar 1859, S. 67. – ›Die Saalnixe‹, bearbeitet von Christian August Vulpius nach der Oper ›Das Donauweibchen‹ von Ferdinand Kaner.
62 Zitiert nach: Houben, J. P. Eckermann, Band 2, S. 377f.
63 Sondershausen, Der Letzte aus Altweimar, S. 251.
64 Zitiert nach: Houben, J. P. Eckermann, Band 1, S. 567f.
65 F. F. Bratranek, Zwei Polen in Weimar (1829). Ein Beitrag zur Goetheliteratur. Wien 1870, S. 132f.
66 Wielands Briefwechsel, Band 5, S. 654f.
67 C. Schröter, Briefe und Zeugnisse. Leipzig 1910, S. 13.
68 Soret, Zehn Jahre bei Goethe, S. 593.
69 Vg. T. G. v. Hippel, Über die Ehe. Hrsg. und mit einer üblen Nachrede versehen von G. de Bruyn. Berlin 1979, S. 55.
70 Vg. Kuczynski, Geschichte des Alltags des deutschen Volkes 2, S. 264–292.
71 WWA, Nr. 17, 27. Februar 1805, S. 72.
72 WWA, Nr. 73, 8. August 1805, S. 263.
73 WWA, Nr. 39, 17. April 1805, S. 126.
74 Vgl. Hufeland, Eine Selbstbiographie, S. 10.
75 WWA, Nr. 89, 7. November 1828, S. 494.
76 Vgl. Kuczynski, Geschichte des Alltags des deutschen Volkes 2, S. 286.
77 WWA, Nr. 19, 12. Mai 1759, S. 74.
78 (F. A. Klebe), Historisch-statistische Nachrichten von der berühmten Residenzstadt Weimar. Elberfeld 1800, S. 99.
79 Vgl. K. Gräbner, Die Großherzogliche Haupt- und Residenz-Stadt Weimar, nach ihrer Geschichte und ihren gegenwärtigen gesamten Verhältnissen dargestellt. Ein Handbuch für Einheimische und Fremde. Erfurt 1830, S. 258f.
80 Soret, Zehn Jahre bei Goethe, S. 64f.

81 Annalen der leidenden Menschheit, Hrsg. v. A.A.F.v.Hennings. Heft 2, Altona 1801, S.209f.
82 Vgl. Eberhard, Weimar zur Goethezeit, S.46f.
83 Vgl. dazu: WA IV 3, S.19, 66, 114, 153f., 159 usw.
84 Soret, Zehn Jahre bei Goethe, S.19.
85 Christiane an Goethe, 18.Juni 1798. In: Goethes Ehe in Briefen. Hrsg. von H.G.Gräf. Leipzig 1972, S.148.
86 Vgl. Scholz-Roesner, Goethe als Gastgeber. In: Die elegante Mode, 7.März 1934, S.19.
87 Vgl. J.v.Voß, Die Moden der guten alten Zeit. Berlin 1985, S.100ff. (Original: 1827).
88 Ueber Genußfähigkeit und Genuß. In: Annalen der leidenden Menschheit, Heft 8, Altona 1800, S.375.
89 Bratranek, Zwei Polen in Weimar, S.138f.
90 Briefe auf einer Reise durch Thüringen und Hessen, geschrieben von einem wandernden Helvetier im Jahr 1800. Altenburg und Erfurt 1801, S.64f.
91 Vgl. F.Hottenroth, Deutsche Volkstrachten vom 16. bis zum 19.Jahrhundert. Frankfurt a.M. 1923, S.4ff.
92 Vgl. Kuczynski, Geschichte des Alltags des deutschen Volkes 2, S.295.
93 Vgl. Lyncker, Am Weimarischen Hofe, S.89.
94 Voß, Die Moden der guten alten Zeit, S.64f.
95 Ebenda, S.66.
96 Ebenda, S.76ff.
97 Lyncker, Am Weimarischen Hofe, S.19f.
98 Vgl. E.Friedell, Kulturgeschichte der Neuzeit. Band 2, München 1931, S.325.
99 Die Erinnerungen der Karoline Jagemann, Band 1, S.33f.
100 Schröter, Briefe und Zeugnisse, S.21.
101 (Klebe), Historisch-statistische Nachrichten, S.92ff.
102 E.A.A. von Göchhausen, Meine Wanderung durch die Rhein- und Mayn-Gegenden und die preussischen Kantonierungsquartiere im Februar 1794. Frankfurt und Leipzig 1794, S.24.
103 Annalen der leidenden Menschheit, Heft 3, Altona 1797, S.333f. und 336.
104 Weimarische Blätter von F.Peucer. Leipzig 1834, S.554f.
105 E.M.Arndt, Über Sitte, Mode und Kleidertracht. Frankfurt a.M. 1814, S.49ff.
106 Damals in Weimar, S.148f.
107 A.v.Sternberg. Erinnerungsblätter. Teil 1, Berlin 1855, S.124.f.
108 (J.le Goullon), Der Führer durch Weimar und dessen Umgebung. Weimar o.J., S.39.
109 Vgl. (Russell), Reise durch Deutschland, S.97f.
110 Rellstab, Aus meinem Leben, Band 2, S.138.
111 Vgl. Geschichte der Stadt Weimar, S.269.
112 Album der Haupt- und Residenzstädte Europa's. Hrsg. von L.Bechstein und V.Kleinknecht. 2.Section, 2.Lieferung, Weimar-Schweinfurt 1844, S.19.
113 WWA, Nr.36, 7.Mai 1811, S.143f.
114 WWA, Nr.91, 14.November 1789, S.241.
115 Vgl. Geschichte der Stadt Weimar, S.267f.
116 WWA, Nr.22, 18.März 1814, S.97.
117 Soret, Zehn Jahre bei Goethe, S.185f.
118 WWA, Nr.50, 24.Juni 1814, S.270.
119 WWA, Nr.5, 17.Januar 1832, S.26.
120 Vgl. Gräbner, Die Großherzogliche Haupt- und Residenz-Stadt Weimar, S.125.
121 Henß, Die Stadt Weimar, S.190f.
122 Ebenda, S.30.
123 Vgl. K.Beyrer, Des Reisebeschreibers Kutsche. In: Reisen im 18.Jahrhundert. Heidelberg 1986, S.50 bis 90.
124 Vgl. Geschichte der Stadt Weimar, S.270.
125 (Oertel), Briefe eines ehrlichen Mannes, S.4ff.
126 (Klebe), Historisch-statistische Nachrichten, S.5f.
127 H.Schmidt, Erinnerungen eines weimarischen Veteranen aus dem geselligen, literarischen und Theater-Leben. Leipzig 1856, S.7f.
128 Bemerkungen über Weimar 1799 von J.Rückert, S.45f.
129 Vgl. G.Günther, Weimar-Chronik. Stadtgeschichte in Daten. 1.Folge, Weimar 1987, S.32.
130 Vgl. Henß, Die Stadt Weimar, S.208 und 217.
131 Damals in Weimar, S.60.
132 Henß, Die Stadt Weimar, S.180.
133 Ebenda, S.186.
134 WWA, Nr.27, 2.April 1819, S.123.
135 Gräbner, Die Großherzogliche Haupt- und Residenz-Stadt Weimar, S.80.
136 WWA, Nr.35, 3.Mai 1814, S.171.
137 Vgl. Eberhardt, Weimar zur Goethezeit, S.9f.
138 Vgl. WWA, Nr.92, 18.November 1814, S.441.
139 Vgl. Henß, Die Stadt Weimar, S.195ff.
140 WWA, Nr.23, 21.März 1828, S.127.
141 Vgl. WWA, Nr.85, 25.Oktober 1814, S.413.
142 WWA, Nr.88, 4.November 1789, S.351.

143 WWA, Nr. 38, 11. Mai 1819, S. 174.
144 WWA, Nr. 40, 18. Mai 1819, S. 184.
145 WWA, Nr. 34, 27. April 1819, S. 155.
146 WWA, Nr. 58, 23. Juli 1819, S. 265.
147 WWA, Nr. 14, 18. Februar 1789, S. 54f.
148 Hoffmann von Fallersleben, Mein Leben, Bd. 6, S. 1f.
149 Vgl. I.-M. Barth, Literarisches Weimar. Kultur/Literatur/Sozialstruktur im 16.–20. Jahrhundert. Stuttgart 1971, S. 12.
150 In: Jahrbuch der Sammlung Kippenberg. Band 3, Leipzig 1923, S. 109.
151 WWA, Nr. 58, 20. Juli 1805, S. 244.
152 Vgl. WWA, Nr. 37, 9. Mai 1819, S. 178.
153 WWA, Nr. 28, 14. Juli 1759, S. 116.
154 Lyncker, Am Weimarischen Hofe, S. 35.
155 Vgl. Friedell, Kulturgeschichte der Neuzeit, Band 2, S. 259f.
156 WWA, Nr. 43, 29. Mai 1805, S. 178.
157 Hufeland, Eine Selbstbiographie, S. 23f.
158 WWA, Nr. 28, 14. Juli 1759, S. 111.
159 WWA, Nr. 21, 13. Mai 1786, S. 198.
160 WWA, Nr. 63, 6. August 1819, S. 292.
161 WWA, Nr. 24, 25. März 1789, S. 96.
162 WWA, Nr. 84, 21. Oktober 1775, S. 344ff.
163 WWA, Nr. 37, 10. Mai 1814, S. 187
164 Vgl. WWA, Nr. 40, 20. Mai 1828, S. 239.
165 WWA, Nr. 34, 27. April 1819, S. 157.
166 WWA, Nr. 25, 26. März 1819, S. 111.
167 WWA, Nr. 11, 7. Februar 1832, S. 59.
168 WWA, Nr. 73, 10. September 1819, S. 331.
169 WWA, Nr. 20, 9. März 1819, S. 88.
170 Schöll, Weimar's Merkwürdigkeiten, S. 116ff.
171 Genast, Aus dem Tagebuch eines alten Schauspielers, Band 1, S. 265f.
172 Soret, Zehn Jahre bei Goethe, S. 104f.
173 Vgl. S. Damm, Cornelia Goethe. Berlin und Weimar 1987.
174 Hufeland, Eine Selbstbiographie, S. 10.
175 Vgl. Schöll, Weimar's Merkwürdigkeiten, S. 73f.
176 Hufeland, Eine Selbstbiographie, S. 20.
177 Lyncker, Am Weimarischen Hofe, S. 51 und 68.
178 Vgl. P. Saupe, Johannes Daniel Falk. 1768 bis 1826. Schriftsteller, tätig in gefährlichen Kriegsläuften. Pädagog verwilderter Kinder. Weimar 1978.
179 Schöll, Weimar's Merkwürdigkeiten, S. 125.
180 Vgl. Gräbner, Die Großherzogliche Haupt- und Residenz-Stadt Weimar, S. 105f.
181 WWA, Nr. 64, 12. August 1828, S. 361.
182 WWA, Nr. 5, 17. Januar 1832, S. 23.
183 Vgl. WWA, Nr. 1, 4. Januar 1828, S. 1.
184 Vgl. P. Saupe, 200 Jahre Lehrerbildung in Weimar. Weimar 1986, S. 7.
185 Soret, Zehn Jahre bei Goethe, S. 222.
186 Die Erinnerungen der Karoline Jagemann, Band 1, S. 37f.
187 Schmidt, Erinnerungen eines weimarischen Veteranen, S. 15f.
188 Lyncker, Am Weimarischen Hofe, S. 32.
189 Schmidt, Erinnerungen eines weimarischen Veteranen, S. 18f.
190 Bemerkungen über Weimar 1799 von J. Rückert, S. 52ff.
191 C. v. Wolzogen, Schiller's Leben. Erster Theil, Stuttgart 1830, S. 224.
192 Vgl. H. Henning, Die Bibliothek der Nationalen Forschungs- und Gedenkstätten der klassischen deutschen Literatur in Weimar. Vergangenheit und Gegenwart der Zentralbibliothek der deutschen Klassik. Weimar 1981, S. 15. Das Goethe-Zitat: WA I 35, 97
193 WWA, Nr. 85, S. 24. Oktober 1828, S. 476.
194 (Russell), Reise durch Deutschland, S. 106.
195 Vgl. Bruford, Kultur und Gesellschaft im klassischen Weimar, S. 358ff.
196 WWA, Nr. 89, 8. November 1775, S. 366.
197 WWA, Nr. 88, 2. Movember 1805, S. 378.
198 WWA, Nr. 101, 19. Dezember 1789, S. 403.
199 WWA, Nr. 17, 26. Februar 1806, S. 70.
200 WWA, Nr. 23, 20. März 1805, S. 95f.
201 WWA, Nr. 33, 24. April 1805, S. 140.
202 WWA, Nr. 72, 7. September 1805, S. 299.
203 WWA, Nr. 1, 1. Januar 1819, S. 4.
204 Vgl. WWA, Nr. 3, 8. Januar 1819, S. 10.
205 WWA, Nr. 4, 12. Januar 1819, S. 14.
206 WWA, Nr. 43, 31. Mai 1814, S. 221.
207 Vgl. WWA, Nr. 20, 9. März 1819, S. 85.
208 WWA, Nr. 40, 20. Mai 1820, S. 244.
209 Vgl. WWA, Nr. 29, 9. April 1819, S. 134.
210 Vgl. WWA, Nr. 12, 9. Februar 1819, S. 46.
211 Vgl. WA IV 6, 415–418.
212 WWA, Nr. 4, 12. Januar 1805, S. 13.
213 WWA, Nr. 8, 29. Januar 1828, S. 45.
214 Vgl. F. Hartung, Das Großherzogthum Sachsen un-

ter der Regierung Carl Augusts. Weimar 1923, S. 117f.
215 WWA, Nr. 43, 31. Mai 1814, S. 114.
216 WWA, Nr. 85, 24. Oktober 1828, S. 476.
217 Vgl. Weimarische Berichte und Briefe aus den Freiheitskriegen 1806–1815. Hrsg. von F. Schulze. Leipzig 1913, S. 116f.
218 F. D. Gesky, Criminal-Chronik hingerichteter Verbrecher. Gesammelt von deren Wächter. Weimar 1825, S. 5. – Folgende Zitate S. 9ff.
219 WWA, Nr. 17, 29. Februar 1828, S. 96.
220 WWA, Nr. 3, 11. Januar 1814, S. 14.
221 (Klebe), Historisch-statistische Nachrichten, S. 47.
222 WWA, Nr. 1, 3. Januar 1832, S. 2.
223 WWA, Nr. 23, 22. März 1814, S. 102.
224 Vgl. Kuczynski, Geschichte des Alltags des deutschen Volkes 2, S. 192.
225 Vgl. WWA, Nr. 51, 28. Juni 1814, S. 271.
226 WWA, Nr. 6, 20. Januar 1832, S. 31.
227 W. Alexis. Erinnerungen. Hrsg. von M. Ewert. Berlin 1900, S. 282f.
228 Wielands Briefwechsel, Band 5, S. 253.
229 WWA, Nr. 13, 31. März 1759, S. 50.
230 Vgl. WWA, Nr. 48, 1. Dezember 1759, S. 191.
231 WWA, Nr. 81, 11. Oktober 1814, S. 397.
232 WWA, Nr. 15, 22. Februar 1828, S. 85f.
233 Vgl. WWA, Nr. 77, 26. September 1789, S. 305.
234 Vgl. M. Herrmann, Die Feuer- und Löschordnung für Stadt und Land Weimar. Weimar 1835.
235 WWA, Nr. 23, 21. März 1828, S. 128.
236 Soret, Zehn Jahre bei Goethe, S. 142.
237 Ebenda, S. 153.
238 Alt-Weimars Abend, S. 228f.
239 WWA, Nr. 12, 9. Februar 1819, S. 86f.
240 F. Gentz, Im preußischen Hauptquartier zu Weimar, am Tage nach der Niederlage von Saalfeld. In: Weimarische Berichte und Briefe aus den Freiheitskriegen 1806–1815, S. 20ff.
241 G. Reinbeck, Reiseplaudereien. Band 1, Stuttgart 1837, S. 24f. – Marchese Girolamo Luccesini war Diplomat in preußischen Diensten, u. a. Botschafter in Paris.
242 T. Götze, Am Tage der Schlacht vor den Toren Weimars. In: Weimarische Berichte und Briefe aus den Freiheitskriegen 1806–1815, S. 48f.
243 Genast, Aus dem Tagebuch eines alten Schauspielers, Band 1, S. 26ff.
244 Reinbeck, Reiseplaudereien, Band 1, S. 33.
245 Sondershausen, Der Letzte aus Altweimar, S. 39f.
246 Vgl. G. Steiger, Die Schlacht bei Jena und Auerstedt 1806. Veröffentlichung des Kreisheimatmuseums Leuchtenburg. Cospeda 1981, S. 76.
247 WWA, Nr. 83, 22. Oktober 1806, S. 346.
248 WWA, Nr. 86, 1. November 1806, S. 363.
249 WWA, Nr. 83, 22. Oktober 1806, S. 350.
250 WWA, Nr. 83, 22. Oktober 1806, S. 346.
251 Damals in Weimar, S. 20f.
252 Vgl. WWA, Nr. 86, 1. November 1806, S. 359.
253 Damals in Weimar, S. 42f.
254 Vgl. Militärwundarzt Geißler, Heimkehr aus Spanien. In: Weimarische Berichte und Briefe aus den Freiheitskriegen 1806–1815, S. 148f.
255 T. Götze, Die Blücherschen Husaren in Weimar am 16. und 17. April 1813. In: Weimarische Berichte und Briefe aus den Freiheitskriegen 1806–1815, S. 179f.
256 T. Götze, Der 21. October. In: Weimarische Berichte und Briefe aus den Freiheitskriegen 1806–1815, S. 199ff.
257 Fahrten nach Weimar, S. 18f.
258 Damals in Weimar, S. 220f.
259 Soret, Zehn Jahre bei Goethe, S. 187.
260 Genast, Aus dem Tagebuch eines alten Schauspielers, Band 2, S. 296ff.
261 Soret, Zehn Jahre bei Goethe, S. 646f.
262 Vgl. P. Meßner, Das Deutsche Nationaltheater Weimar. Ein Abriß seiner Geschichte. Von den Anfängen bis Februar 1945. Weimar 1985, S. 23.
263 Hufeland, Eine Selbstbiographie, S. 14.
264 Vgl. Meßner, Das Deutsche Nationaltheater Weimar. S. 23.
265 Bemerkungen über Weimar 1799 von J. Rückert, S. 152.
266 Vgl. J. Klauß, Polen in der deutschen Literatur von der dritten Teilung bis zum Novemberaufstand (1795 bis 1930). Diss. (A), Potsdam 1982, S. 83ff.
267 (Oertel), Briefe eines ehrlichen Mannes, S. 71f.
268 Vgl. Sondershausen, Der Letzte aus Altweimar, S. 37, Anm. 1.
269 Schwabe, Harmlose Geschichten, S. 28.
270 Genast, Aus dem Tagebuch eines alten Schauspielers, Band 3, S. 111.
271 (Russell), Reise durch Deutschland, S. 94f.
272 Damals in Weimar, S. 305.

273 Ebenda, S. 340f.
274 Soret, Zehn Jahre bei Goethe, S. 282.
275 Bemerkungen über Weimar 1799 von J. Rückert, S. 92f.
276 Vgl. Barth, Literarisches Weimar, S. 109f.
277 Lyncker, Am Weimarischen Hofe, S. 7.
278 (Klebe), Historisch-statistische Nachrichten, S. 61f.
279 Vgl. (Oertel), Briefe eines ehrlichen Mannes, S. 89ff.
280 Wolzogen, Schillers Leben, Zweiter Theil, S. 191.
281 Stahr, Weimar und Jena, Band 1. S. 19f.
282 Die Erinnerungen der Karoline Jagemann, Band 2, S. 302–305.
283 Vgl. Lyncker, Am Weimarischen Hofe, S. 80f.
284 Soret, Zehn Jahre bei Goethe, S. 179.
285 G. Merkel, Skizzen aus meinem Erinnerungsbuche. Riga und Dorpat 1824, S. 79f.
286 G. Merkel, Über Deutschland wie ich es nach einer zehnjährigen Entfernung wiederfand. Band 1, Riga 1818, S. 301ff.
287 Damals in Weimar, S. 54f.
288 Damals in Weimar, S. 173.
289 Soret, Zehn Jahre bei Goethe, S. 137.
290 Kanzler v. Müller, Unterhaltung mit Goethe. Mit Anmerkungen versehen und hrsg. von R. Grumach. Weimar 1982, S. 193.
291 Sternberg, Erinnerungsblätter, S. 117f.
292 Stahr, Weimar und Jena, Band 1, S. 4.
293 Schwabe, Harmlose Geschichten, S. 79f.
294 WWA, Nr. 67, 21. August 1805, S. 281.
295 Vgl. WWA, Nr. 92, 16. November 1819, S. 409.
296 Vgl. WWA, Nr. 71, 3. September 1819, S. 324.
297 WWA, Nr. 73, 11. September 1805, S. 307.
298 Vgl. Eckermann, Gespräche mit Goethe, S. 502.
299 WWA, Nr. 38, 13. Mai 1814, S. 198.
300 WWA, Nr. 45, 4. Juni 1819, S. 204.
301 Ebenda.
302 WWA, Nr. 17, 26. Februar 1819, S. 72.
303 WWA, Nr. 82, 14. Oktober 1828, S. 462.
304 Vgl. Barth, Literarisches Weimar, S. 104f.
305 WA I 3, S. 314.
306 Soret, Zehn Jahre bei Goethe, S. 188.
307 Vgl. Der elegante Theetisch – Ein Neujahrsgeschenk für Leckermäuler und: der neue Apicius oder die Bewirthung vornehmer Gäste, so wie es die feinere Kochkunst und der Geschmack des 19ten Jahrhunderts gebietet. Ein Taschenbuch für Freunde gastlicher Bewirthung und einer wohl besetzten Tafel. Weimar 1829. Mit Kupfern.
308 Vgl. Barth, Literarisches Weimar, S. 121ff.
309 Henß, Die Stadt Weimar, S. VIIIf.

Historische Maßeinheiten

1 Eimer = 71,71 l
1 preußische Elle = 25 1/2 Zoll = 0,667 m
1 preußischer Fuß = 12 Zoll = 0,314 m
1 Kanne = 1,79 l
1 Loth = 14,616 g
1 Maß = 0,94 l
1 (deutsche) Meile = ca. 7,5 km
1 Nösel = 0,45 l
1 Quart = 1,15 l
1 Schuh = 28,2 cm
1 Zoll = 1/12 Fuß = 2,6 cm

Siglen

WA = Goethes Werke. Hrsg. im Auftrage der Großherzogin Sophie von Sachsen. Weimar 1887 bis 1919 (Weimarer Ausgabe). Abteilung I: Poetische Werke und Schriften; Abteilung II: Naturwissenschaftliche Schriften; Abteilung III: Tagebücher; Abteilung IV: Briefe.

WWA = Weimarische Wöchentliche Frag- und Anzeigen; ab 1801 Weimarisches Wochenblatt; ab 1. April 1832 Weimarische Zeitung (Jg. 1759, 1775, 1789, 1805, 1806, 1811, 1814, 1819, 1828, 1832).

Literatur

Alben der Haupt- und Residenzstädte Europa's. II. Section. II. Lieferung: Weimar. Hrsg. von Ludwig Bechstein und V. Kleinknecht. Schweinfurt 1844.

Willibald Alexis, Erinnerungen. Hrsg. von Max Ewert. Berlin 1905.

Alt-Weimars Abend. Briefe und Aufzeichnungen aus dem Nachlasse der Gräfin Egloffstein. Hrsg. von Hermann Freiherr v. Egloffstein. München 1823.

Annalen der leidenden Menschheit in zwanglosen Heften. Hrsg. von August Adolph Friedrich Hennings, Altona 1793–1801.

Ernst Moritz Arndt, Ueber Sitte, Mode und Kleidertracht. Frankfurt a. M. 1814.

Ilse-Marie Barth, Literarisches Weimar. Kultur/Literatur/Sozialstruktur im 16.–20. Jahrhundert. Stuttgart 1971.

Weimarische Berichte in Briefen aus den Freiheitskriegen 1806–1815. Hrsg. von Friedrich Schulze. Leipzig 1913.

Klaus Beyrer, Des Reisebeschreibers Kutsche. In: Reisen im 18. Jahrhundert. Heidelberg 1986, S. 50–90.

Franz Thomas Bratranek, Zwei Polen in Weimar (1829). Ein Beitrag zur Goetheliteratur. Wien 1870.

Briefe auf einer Reise durch Thüringen und Hessen, geschrieben von einem wandernden Helvetier im Jahre 1800. Altenburg und Erfurt 1801.

Walter Horace Bruford, Kultur und Gesellschaft im klassischen Weimar 1775–1806. Göttingen 1966.

Wilhelm Buchner, Ferdinand Freiligrath. Ein Dichterleben in Briefen. Band 1, Lahr 1882.

Sigrid Damm, Cornelia Goethe. Berlin und Weimar 1987.

Hans Eberhardt, Die gesellschaftliche und wirtschaftliche Gliederung der Einwohnerschaft der Stadt Weimar am Ausgang der Goethezeit (1820). Masch. schr., Weimar 1949.

Hans Eberhardt, Geschichtliche Grundlagen der Goethezeit 1750–1830. Masch. schr., Weimar 1949.

Hans Eberhardt, Weimar zur Goethezeit. Gesellschafts- und Wirtschaftstruktur. Weimar 1980.

Johann Peter Eckermann, Gespräche mit Goethe in den letzten Jahren seines Lebens. Berlin und Weimar 1982.

Fahrten nach Weimar. Slawische Gäste bei Goethe. Auswahl aus Briefen, Berichten und Aufzeichnungen. Weimar 1958.

Egon Friedell, Kulturgeschichte der Neuzeit. Band 2, München 1931.

Ludwig Geiger, Goethe und die Seinen. Leipzig 1908.

Eduard Genast, Aus dem Tagebuch eines alten Schauspielers. Band 1–4, Leipzig 1862–66.

Geschichte der Stadt Weimar. Hrsg. von Gitta Günther und Lothar Wallraf. Weimar 1975.

Ernst August Anton von Göchhausen, Meine Wanderung durch die Rhein- und Mayn-Gegenden und die preußischen Kantonirungsquartiere im Februar 1794. Frankfurt und Leipzig 1794.

Goethe in Weimar. Ein Kapitel deutscher Kulturgeschichte. Hrsg. von Karl-Heinz-Hahn. Leipzig 1986.

Goethes Ehe in Briefen. Hrsg. von Hans Gerhard Gräf. Leipzig 1972.

(Johanna Le Goullon), Der Führer durch Weimar und dessen Umgebungen. Zum Nutzen der anwesenden Fremden und zur angenehmen Rückerinnerung für alle die, welche einst hier waren. Weimar 1825.

Karl Gräbner, Die Großherzogliche Haupt- und Residenz-Stadt Weimar, nach ihrer Geschichte und ihren gegenwärtigen gesamten Verhältnissen dargestellt. Ein Handbuch für Einheimische und Fremde. Erfurt 1830.

Alfred Großkopf, Karl August. Gedenkblätter für die Jugend des Weimarischen Landes. Weimar 1915.

Gitta Günther, Weimar-Chronik. Stadtgeschichte in Daten. 1. Folge, Weimar 1987; 2. Folge, Weimar 1988.

Wolfgang Hecht / Alfred Pretzsch, Das alte Weimar skizziert und zitiert. Weimar 1977.

Hans Henning, Die Bibliothek der Nationalen Forschungs- und Gedenkstätten der klassischen deutschen Literatur in Weimar. Vergangenheit und Gegenwart der Zentralbibliothek der deutschen Klassik. Weimar 1981.

Adam Henß, Die Stadt Weimar, ihr Communwesen und ihre städtischen Institute. Aus öffentlichen Akten bearbeitet. Weimar 1837.

M. Herrmann, Die Feuer- und Löschordnung für Stadt und Land Weimar. Weimar 1835.
Theodor Gottlieb von Hippel, Über die Ehe. Hrsg. und mit einer üblen Nachrede versehen von Günther de Bruyn. Berlin 1979.
August Heinrich Hoffmann von Fallersleben, Mein Leben. Aufzeichnungen und Erinnerungen. Band 8, Hannover 1868.
Friedrich Hottenroth, Deutsche Volkstrachten vom XVI. bis zum XIX. Jahrhundert. Frankfurt a. M. 1923.
Heinrich Hubert Houben, Johann Peter Eckermann. Sein Leben für Goethe. Nach seinen neu aufgefundenen Tagebüchern und Briefen dargestellt. Band 1–2, Leipzig 1925/28.
Christoph Wilhelm Hufeland, Eine Selbstbiographie. Mitgeteilt von Dr. Göschen. Berlin 1863.
Die Erinnerungen der Karoline Jagemann. Nebst zahlreichen unveröffentlichten Dokumenten aus der Goethezeit. Hrsg. von Ernst von Bamberg. Band 1–2, Dresden 1926.
Jochen Klauß, Polen in der deutschen Literatur von der dritten Teilung bis zum Novemberaufstand (1795 bis 1830). Diss. (A), Potsdam 1982.
(Friedrich Albrecht Klebe), Historisch-statistische Nachrichten von der berühmten Residenzstadt Weimar. Elberfeld 1800.
Karl Ludwig von Knebels literarischer Nachlaß und Briefwechsel. Hrsg. von Karl August Varnhagen von Ense und Theodor Mundt. Band 2, Leipzig 1835.
Erinnerungen der Charlotte Krackow. Hrsg. von Eduard Scheidemantel. Weimar 1936.
Jürgen Kuczynski, Geschichte des Alltags des deutschen Volkes. Studien 2. Berlin 1981.
Karl von Lyncker, Am Weimarischen Hofe unter Amalien und Karl August. Hrsg. von Marie Scheller. Berlin 1912.
Garlieb Merkel, Ueber Deutschland, wie ich es nach einer zehnjährigen Entfernung wiederfand. Band 1, Riga 1818.
Garlieb Merkel, Skizzen aus meinem Erinnerungsbuche. Riga und Dorpat 1824.
Paul Meßner, Das Deutsche Nationaltheater Weimar. Ein Abriß seiner Geschichte. Von den Anfängen bis Februar 1945. Weimar 1985.
Kanzler von Müller, Unterhaltungen mit Goethe. Mit Anmerkungen versehen und hrsg. von Renate Grumach. Weimar 1982.
Johannes von Müller, Briefwechsel mit Johann Gottfried Herder und Caroline v. Herder geb. Flachsland. 1792 bis 1808. Hrsg. von K. E. Hoffmann. Schaffhausen 1952.
(Friedrich Ludwig Christian von Oertel), Briefe eines ehrlichen Mannes bey einem wiederholten Aufenthalt in Weimar. Deutschland 1800.
Die Briefe Jean Pauls. Hrsg. und erläutert von Eduard Berend. Band 3, München 1924.
Friedrich Peucer, Weimarische Blätter. Leipzig 1834.
Georg Reinbeck, Reiseplaudereien. Band 1, Stuttgart 1837.
Ludwig Rellstab, Aus meinem Leben. Band 2, Berlin 1861.
Joseph Rückert, Bemerkungen über Weimar 1799. Hrsg. und mit einem Nachwort versehen von Eberhard Haufe. Weimar 1969 (Original in: Der Genius der Zeit, Mai, Juli, September 1800).
Deutsche Rundschau. Hrsg. von Julius Rodenberg. Jg. 23, H. 12, Berlin 1897.
(John Russell), Reise durch Deutschland und einige südliche Provinzen Oestreichs in den Jahren 1820, 1821 und 1822. Band 1, Leipzig 1825.
Paul Saupe, Johannes Daniel Falk. 1768 bis 1826. Schriftsteller, tätig in gefährlichen Kriegsläuften. Pädagog verwilderter Kinder. Weimar 1978.
Paul Saupe, 200 Jahre Lehrerbildung in Weimar. Weimar 1986.
Heinrich Schmidt, Erinnerungen eines Weimarischen Veteranen aus dem geselligen, literarischen und Theater-Leben. Nebst Originalmittheilungen über Goethe, Schiller, Herder . . . Leipzig 1856.
Adolf Schöll, Weimar's Merkwürdigkeiten einst und jetzt. Ein Führer für Fremde und Einheimische. Weimar 1847.
Scholz-Roesner, Goethe als Gastgeber. In: Die elegante Mode, 7. März 1934, S. 19.
Adele Schopenhauer, Tagebücher. Band 2, Leipzig 1909.
Corona Schröter, Briefe und Zeugnisse. Leipzig 1910.
Julius Schwabe, Harmlose Geschichten. Erinnerungen eines alten Weimaraners. Frankfurt a. M. 1890.
Karl Sondershausen, Der Letzte aus Altweimar. Erinnerungen und Dichtungen. Weimar 1859.
Frédéric Soret, Zehn Jahre bei Goethe. Erinnerungen an Weimars klassische Zeit. 1822–1832. Aus Sorets handschriftlichem Nachlaß zusammengestellt, übersetzt und erläutert von Heinrich Hubert Houben. Leipzig 1929.
Adolf Stahr. Weimar und Jena. Band 1, Berlin 1871.
Günter Steiger, Die Schlacht bei Jena und Auerstedt 1806. Veröffentlichung des Kreisheimatmuseums Leuchtenburg. Cospeda 1981.
Alexander von Sternberg, Erinnerungsblätter. Teil 1–2, Berlin 1855.
Julius von Voß, Die Mode der guten alten Zeit. Berlin

1985 (Erstveröffentlichung: 1827).
Damals in Weimar. Erinnerungen und Briefe von und an Johanna Schopenhauer. Gesammelt und hrsg. von Heinrich Hubert Houben. Leipzig 1924.
Wielands Briefwechsel. Band 5; Briefe der Weimarer Zeit (21. Sept. 1772 bis 31. Dez. 1777). Hrsg. von Hans Werner Seiffert. Berlin 1983.
Caroline von Wolzogen, Schillers Leben. Zweiter Theil, Stuttgart 1830.

Begriffserklärung

Straßen- und Ortsnamen, die heute nicht mehr existieren

Altenburg nordöstlich vor der alten Stadt gelegener terrassenförmiger Hügel; später Bezeichnung des Wohnhauses
altes Schießhaus hinter dem ehemaligen Jägerhaus gelegenes Gelände, das in den Park einbezogen wurde, und Gebäude
Baumgarten Gelände um den heutigen Schwanseeteich; heute: Weimarhallenpark
Breitengasse heute: Marktstraße
Esplanade heute: Schillerstraße
Gerbergasse heute: Gerberstraße
Jägerhaus herzogliches Wohngebäude in der heutigen Marienstraße; nach dem Krieg abgerissen
Junkerstraße heute: Engelsring von Sophienhaus bis August-Bebel-Platz
›Kalte Küche‹ ehemals unwirtliches Gelände im Ilmtal unterhalb des späteren Borkenhäuschens und des Römischen Hauses
Karlsplatz ehemals der Schweinemarkt; heute: Goetheplatz
Rothäusers Garten ehemaliger verwilderter Berghang zwischen Altenburg und Horn
›Schnecke‹ Steinerner Turm mit Wendelgängen und Aussichtsplattform am Eingang zum Park
Schweinemarkt später Karlsplatz
(kleine) Todtengasse heute: kleine Kirchgasse
Töpfenmarkt heute: Herderplatz vor der Stadtkirche

Historische Begriffe

Berg Ararat nach dem Alten Testament (1. Mose 8,4) Ort, wo Noahs Arche landete

Berg Nitria bei Alexandria in Unterägypten gelegen. Anspielung auf das Werk J. G. Zimmermanns: ›Einsamkeit‹

Bona dea (lat.) die gute Göttin; die römischen Matronen begingen im Dezember unter Teilnahme der Vestalinnen ein nächtliches Frauenfest, an dem Männer nicht teilnehmen durften

Cavillerknecht Schinder-, Abdeckerknecht

Chenille Umhang aus Garn von haariger Beschaffenheit

Cothurne Halbstiefel der tragischen Schauspieler

Douceur Finderlohn, Trinkgeld

Expektorantium schleimlösendes Mittel

Fauteuil Arm- oder Lehnsessel

Gewand von Kos Anspielung auf die spärliche Bekleidung der Bewohner auf der Ägäis-Insel Kos, wo im Altertum ein Tempel des Asklepios (röm. Äskulap) stand

›halber Hahn‹ umgangssprachlich für: kleines Glas Branntwein

Incroyable spöttischer zeitgenössischer Begriff für: Modegeck, Stutzer

Karolin frühere pfälzische, dann süddeutsche beliebte Goldmünze im Wert von ca. 10 Gulden

Kofent Dünnbier

›Löffelgarde‹ wegen ihrer Kampfkraft und Rücksichtslosigkeit legendäre Einheiten der ›Alten Garde« Napoleons

Louisd'or in ganz Europa im 18. Jh. beliebte Goldmünze im Wert von ca. 10 Livres

Moldum heute: Molton, langhaariges Woll- oder Baumwollgewebe, gerauht oder geschoren

Omnia mea mecum porto (lat.) alle meine Habe trage ich bei mir; Ausspruch des griechischen Philosophen Bias

Pfennigbrot Brot mit je nach aktuellem Getreidepreis schwankendem Gewicht

Rumfordische Suppenanstalt Benjamin Rumford, engl. Graf, erfand die nach ihm benannte nahrhafte Suppe aus Knochen, Blut und Gemüse

Schröpfkopf gläsernes oder metallenes Gefäß, mit dem zur Ader gelassen wurde

Taffent heute: Taff, Taffet; Seidengewebe in Leinwandbindung

Wüste Zara alte Bezeichnung für: Sahara

Inhalt

ISBN 3-7443-0084-6

Redaktion: Reiner Schlichting
Gestaltung: Witolf Röth
Herstellung: Druckhaus Weimar

C. R.
Cas.